SLEEP

SHAWN STEVENSON

最高の脳と身体をつくる
睡眠の技術

ショーン・スティーブンソン
花塚 恵 訳

SLEEP SMARTER
21 ESSENTIAL STRATEGIES
TO SLEEP YOUR WAY TO
A BETTER BODY, BETTER HEALTH,
AND BIGGER SUCCESS

ダイヤモンド社

SLEEP SMARTER
by
Shawn Stevenson

Japanese edition published by arrangement with Folio Literary Management, LLC
and Tuttle-Mori Agency, Inc.

はじめに——睡眠で最高の脳と身体を手に入れる

睡眠は人生の隠し味だ。

精神、感情、肉体のどの動き一つとっても、睡眠の質に影響されないものはない。

しかし、めまぐるしいスピードで動く世の中となったいま、慢性的な睡眠不足に陥って睡眠の質が低下するという悪影響に苛まれている人が大勢いる。睡眠不足は先進国に共通する問題だ。調査によると、西洋諸国に暮らす人々の平均睡眠時間は、わずか100年前に比べて1・5〜2時間短くなっているという。私たちはなぜか、人間としてごく自然な行動のとり方を「忘れて」しまった。

睡眠不足の先に待ち受けることもかなり厄介だ。免疫系の衰え、糖尿、ガン、肥満、鬱、もの忘れの増加など、数えあげればいくらでも出てくる。自分が抱えている病気や外見上の悩みの一因にもなっているというのに、そのことに気づいている人はほとんどいない。

調査によると、一晩寝不足になるだけで、2型糖尿病患者のようにインスリンが正常に機能しなくなる恐れがあるという。この状態は、老化の加速、性欲の減退、望まない脂肪の蓄積に直結する。何週間、何カ月、何年と睡眠不足が続けば、深刻な問題が生じかねない。

カナダ内科学会が発行する『カナディアン・メディカル・アソシエーション・ジャーナル』誌に、睡眠不足がダイエットに直接関係することを実証する実験が載っていた。被験者全員が同じ運動をして同じ食事をとったにもかかわらず、**睡眠不足のグループ（毎晩6時間未満）は、毎晩8時間以上眠ったグループに比べて一貫して体重や脂肪が減らなかった**という。脂肪を永遠に落とすためには、栄養バランスのとれた食事と適度な運動に「上質な睡眠」も加えないといけないのだろうか？

睡眠と脂肪の関係や理想の体型になるための具体的な方法については、第11章と第13章で紹介している。この機会に、痩せる秘訣もぜひ手に入れてもらいたい。

別の研究では、**睡眠不足はガン、アルツハイマー病、鬱病、心臓病にかかる確率を高めることも実証されている**。たとえば、アメリカ睡眠医学会が発行する『スリープ』誌の記事によると、14年間に9万8000人を調査した結果、睡眠時間が4時間未満の女性は、心疾患によって死期が早まる確率が2倍に高まるという。

女性の例をあげたからといって、男性諸君も安心はできない。男性のほうがただでさえ心臓病で死亡する確率が高く、そこに睡眠不足という要素が加わると、事態はかなり深刻だ。WHO（世界保健機関）が14年にわたって657人の男性を追跡調査した研究がある。それによると、睡眠の質が低い男性は心臓発作を起こす確率が2倍に上昇したほか、実験期間中に発作を起こした確率は4倍近くになったという。

心臓病は世界でもっとも多い死因の一つだ。その元凶に目を向けて、睡眠不足がさまざまな健康上の問題にどのように関与しているかをつまびらかにすれば、解決への大きな一歩となる。

睡眠について本気で考える

私は大学生のときに、退行性骨疾患および退行性椎間板変性症だと診断され、治療のしようがないと医師から宣告された。立ちあがるだけで背中や足に痛みが走る身体と一生つきあっていくしかないというのだ。その後も希望を与えてくれる医師を探し求めたが、どの医師からも、投薬とベッドでの休息という同じ意見しか返ってこなかった。私はアドバイスに従って大学の授業もあまり出ず、ただ食べてゲームをするだけの生活を送った。その結果、私の体重は2年半で20キロ以上増えた。

しかし、あるとき私は気がついた。自分に何ができるかを最終的に決められるのは、自分以外にいないのだと。そして私は健康になると決意した。食生活を見直し、運動の時間を毎日設けた。すると、自然と早寝早起きが習慣になった。こうして正しい食事、正しい運動、正しい睡眠を続けていくうちに、体重は減少し、身体の痛みも消えた。９カ月後には、治療のしようがないと診断された病気まできれいに治っていた。

健康を取り戻した私は、体力強化や体調管理を指導する、ストレングス・アンド・コンディショニングコーチの資格をとり、履修する授業の大半を健康に関するものに変えた。

そうして人々の健康に携わる仕事に就いたのだが、睡眠について本気で調べたいと思ったのはそれから10年近くたってからだった。私のアドバイスに従って食事を変え、運動をとりいれたクライアントは、毎日のように素晴らしい成功を収めていた。それについては大いに満足していたものの、どこか釈然としない気持ちをずっと心に抱えていた。

私はどうしても、アドバイスに完璧に従っているのに、ほかの人ほど結果に表れない人たちのことが気になって仕方がなかった。徹底した食事管理を行い、やりすぎと言えるくらい運動しているにもかかわらず、ホルモン機能は最適にならず、血糖値は安定せず、体重計の目盛りは微動だにしない。本人の目標に到達しないのだ。情熱と執念が空回りするばかりで、結局は、何をやっても無駄だとしか思えなくなるか、途中で諦めてしまう。

この謎がとけないまま10年近くがたち、私はようやくその原因となりそうなライフスタイル要因について詳しく調べてみることにした。

ライフスタイルを変えればパフォーマンスは最大化できる

世間ではいつのまにか、自分のすべては基本的に遺伝子によって支配されているという考え方が浸透した。私には心臓病の遺伝子があり、関節炎の遺伝子がある。太る遺伝子に至っては、スキニージーンズをはくことを絶対に許してくれないほど強力だ！

遺伝子が健康にとって大きな役割を担っていることは事実だ。しかし、遺伝子で始まり、遺伝子で終わる一生は絶対にない。科学の世界では、従来とはまったく異なる視点で遺伝について研究する「エピジェネティクス（後成遺伝学）」と呼ばれる分野の研究が盛んになりつつある。「エピ」は「〜の上、〜の外」という意味だ（同じく「エピ」がつく「epidermis」という言葉は、真皮を意味する「dermis」の上なので、「上皮」もしくは「皮膚のいちばん外側」という意味になる）。遺伝子の制御の外側に目を向けた研究なのだが、それによって驚くべき事実が明らかになった。

実は、世間に定着している考え方とは裏腹に、遺伝子が私たちの健康、外見、性格を直接支配しているわけではない。遺伝子は設計図のようなものであり、その設計図の範囲内でどのような人間に形づくられるかが決まる。何千時間にも及ぶ調査の結果、私たち人間に共通する遺伝子の数は2万〜2万5000個だということが明らかになった。たったそれだけしかないのだ！

この数字は当初10万以上とされていたが、研究が進んで大幅に下方修正された。今後遺伝子の存在確認の手法が向上すれば、その数はさらに少なくなるだろう。ということは、2万5000個以下の遺伝子しか存在しないのに、私たちの見た目にこれほどのバリエーションが存在するのはなぜなのか？　健康の程度や生き方が、なぜ人によって違うのか？

簡単に言えば、個々を取り巻く環境、個々のライフスタイル、個々の下す決断（意識的、無意識的の両方を含む）によって、発現する遺伝情報が決まるからだ。病気になる遺伝子は誰もがもっているが、それが一生発現しない人もいる。健康で身体が正常に機能するための遺伝子も誰もがもっているのに、その恩恵にあずかれずに苦労する人もいる。

いまの時代、自分の行動が健康に大きく影響することは、誰もが知っていていいはずだ。考えてみれば、そんなことは当然ではないか。毎日タバコを1箱吸ったりしない人のほうが健康だということは誰もが知っている。タバコを吸う習慣によって身体に物理的な変化が生じれば、発現する遺伝子は当然変わる。タバコをくわえるという決断を日々行うせいで、遺伝子が変異することだってある。恐ろしいと思うかもしれないが、それが現実だ。

毎日口にする食べものでも、外見や気分が大きく変わる。いまでは、遺伝子の発現に対する食べものの影響について研究する「ニュートリゲノミクス（栄養ゲノム情報学）」という分野が確立し、盛んに研究が行われている。遺伝子の外側が私たちの身体に影響するのだから、睡眠にも当然影響が及ぶ。むしろ睡眠の質に対する影響の大きさは、外見や気分の比ではない。

神経学と神経科学を専門に扱う『カレント・ニューロロジー・アンド・ニューロサイエンス・レポーツ』誌に、睡眠はDNAとRNAの機能に対して重要な役割を担うという記事が載っていた。それによると、「後天的に遺伝子の発現に変異が生じるという仕組みは、確実に体内時計によって制御されている」という。この報告では、**私たちの身体に「現れるもの」の質を決めるのは睡眠だ**とまとめられている。つまり、セクシーになる細胞が身体に現れるか、やぼったくなる細胞が現れるかは、睡眠によって決まるということだ。そしてどちらを選ぶかは、結局は自分にかかってくる。

睡眠は量より質

私は、クライアント一人ひとりに潜む後天的な影響を明らかにしたいと思って分析を始めた。クライアントに仕事のことを尋ね、人間関係のことを尋ね、朝起きてから夜寝るまでのあいだに習慣となっている行動について尋ねた。彼らの日常生活について分析し、血液検査やホルモン検査の結果を見ると、一つのことがはっきりと浮かびあがった。結果を出せずに苦しんでいるクライアント全員が、睡眠もしくはストレスに大きな問題を抱えていたのだ。それも、睡眠の問題とストレスの両方を抱えている人がほとんどだった。寝不足になれば、当然ストレスはたまる。

ストレスに対処する方法はたくさんあるが、睡眠を改善する方法となると、「8時間寝なさい」という決まり文句以外はほとんど見当たらない。**そもそも、8時間寝たところで問題は解決しない。**8時間寝ても、毎朝疲れがとれずにぐったりとした気持ちで起きている人がたくさんいる。だから私は、クライアントの睡眠時間を増やすだけでなく、睡眠の質も大幅に改善する方法を提供しようと考えた。その方法をクライアントが実行し始めると、それまで結果を出せずにいたことが堰を切ったみたいに次々と改善していった。質の高い睡眠をとることの大切さがデータに表れることはわかっていたが、人生を一変させるほどの結果が出るとは思ってもみなかった。

この本を通じて、私のクライアントが試して実際に効果のあったさまざまな方法を紹介する。おもしろいことに、私は一度も寝る時間を増やすようにとは言わなかった。あくまでも、「賢く眠る」ことの大切さを伝えただけだ。それにより、彼らの睡眠の質は劇的に改善し、ひいては肉体や思考も大きく変わり、人生の成功を手にするほどになった。

最高の脳と身体を手に入れる方法

いまは、仕事が山積みで満足に休息もとれない社会である。だからこそ、身体が必要とする睡眠がとれない元凶に目を向けることが絶対に必要だ。この本では睡眠不足がもたらす悪影響についてももちろん説明するが、睡眠の質を上げるために今夜から何ができて、慢性的な睡眠不足に陥らないようにするために何ができるかを中心に語っていく。

睡眠を十分にとるのはいいが、そうすると、仕事のパフォーマンスはどうなる？　生産性や成し遂げることにどう影響するのか？

睡眠時間を削ってたくさん仕事をするほうが、早く成果が出ると思う人もいるだろう。それについては調査が実施されていて、完璧な結論が出ている。十分な睡眠をとらずにいると、何をするのも遅くなり、創造力が衰え、ストレスが増大し、仕事のパフォーマンスが下がる。要するに、自分の能力のごく一部しか使えなくなるのだ。これについては、睡眠（そして睡眠不足）が脳に及ぼす影響とあわせて第1章で詳しく説明するので、もう少しお待ち願いたい。

古いアイルランドの諺に、「よく笑いぐっすり眠ることが最善の治療薬」というものがある。この本を読めば、最高の睡眠を得られるようになる具体的な方法が手に入ることをお約束しよう。思わずニヤリとするところもあれば、考え込んでしまうところもあると思う。この本で紹介する対策を自分に当てはめて実行に移せば、あなたの人生は一変する。

人はみな、健康な身体のもと、幸せで充実した人生を送る権利がある。その実現のカギを握るのが良質な睡眠であり、それを得る秘訣をこの本でお教えしたい。

これから、睡眠の質を改善できる21の対策を紹介する。どれもすぐさま効果が出ることは実証済みだ。どれか一つとりいれてもいいし、全部をとりいれてもいい。どうするかは、あなたの目標やライフスタイルにあわせて自由に決めてもらってかまわない。

睡眠研究の第一人者として知られるウィリアム・デメントは、次のような言葉を残している。「睡眠を健全にしない限り、健康にはなれない」

これほど真を突いた言葉はない。この本の21の対策を使って、ぐっすり眠れる人生を手に入れよう。

CHAPTER 1

睡眠は人生のすべてを左右する

CHAPTER 2

睡眠ホルモンを自らつくりだす

SLEEP
最高の脳と身体をつくる
睡眠の技術
contents

CHAPTER 3
電子機器の使い方を見直す

CHAPTER 4
カフェインの門限は午後2時

CHAPTER 8

最良の寝室をつくる

CHAPTER 9

夜の生活を充実させる

CHAPTER 10

あらゆる光を遮断する

CHAPTER 11

熟睡したいなら運動するしかない

CHAPTER 12

寝室にスマホを持ち込まない

CHAPTER 13

余分な脂肪を落とす

CHAPTER 14

快眠をもたらす最高の飲酒法

CHAPTER 15

最高の睡眠は寝るときの姿勢で決まる

CHAPTER 16

睡眠のためのマインドフルネス入門

CHAPTER 17

サプリは本当に必要か

CHAPTER 18

早起きで脳の働きを最大化する

CHAPTER 19

マッサージは睡眠に効く

CHAPTER 20

最高のパジャマはこれだ

CHAPTER 21

身体を自然に触れさせる

CHAPTER1

睡眠は人生のすべてを左右する

睡眠が脳と身体をつくり変える

まずは「睡眠の価値」について知ることから始めたい。少々意外かもしれないが、これ以上に大切なテーマはないと思う。十分な睡眠をとるということを軽んじている人は多い。そういう人は、睡眠によって何が得られるかをきちんと理解していない。良質な睡眠をとることのメリットを知れば、誰もがそれを得ようと自ら行動を起こしたくなるはずだ。

それでは本題に入ろう。睡眠とはいったい何なのか？　なぜ睡眠は大切なのか？

「睡眠」を定義するのは、「人生」を定義するようなものだ。完璧に理解している人は誰もいない。説明しようとしても、高名な学者のような説明にはならない。「人生はチョコレートの箱みたいなもの」の台詞で有名なフォレスト・ガンプのように、「睡眠は死んだフリをしているみたいなもの」といった説明になってしまう。オンラインの無料辞書サイトで「sleep」の定義を見ると、「頭と身体が自然に断続的な休息をする状態。その状態にあるときは一般に目を閉じていることが多く、意識を完全または部分的に失っているため、身体の動きや外的な刺激に対する反応が低下する」とある。

少し違和感を覚える説明だが、ここで注目すべきは、「頭と身体が自然に断続的な休息をする状態」という部分だ。これをしない状態は、不自然な状態ということになる。誰だって、不自然な状態にはなりたくない。

定義の次は、睡眠がもたらすメリットについて知ってもらいたい。こちらのほうが重要だ。一般に、私たちの体内では、目覚めているときに異化作用（外から摂取した物質を体内で分解する過程）が起こり、眠っているときに同化作用（外から摂取した物質を合成する過程）が起こる。睡眠時は同化作用が活発になると言われ、免疫力、骨、筋肉の成長や再生が促される。つまり、**眠ることで身体が再生され、若さが保てる**のだ。

良質な睡眠をとると、免疫系が強化され、ホルモンバランスが安定し、新陳代謝が促進される。身体のエネルギーが増加し、脳の働きも改善される。睡眠を適切にとらない限り、自らが求める肉体や人生を手にすることはできない。絶対に不可能だ。

私たちが暮らす社会では、睡眠はまったくと言っていいほど尊重されていない。それどころか、「成功するためには睡眠時間を削ってより多く働かないといけない」「死んでから好きなだけ眠ればいい」といった考え方が刷り込まれる。尊重されていないという表現では、はっきり言って生ぬるい。

たゆまぬ努力が成功の大部分を占めることは言うまでもないが、賢く努力することだって同じくらい重要だ。それなのに、休むことなく働き続ける人が世界中にたくさんいる。そういう人は、朝から晩まで仕事漬けの日々を送りながらも、仕事の質が大幅に落ちていることに気づいていない。調査によると、**24時間一睡もしない状態が続いた直後は、脳に送られるグルコースの量が全体で6パーセント減る**という。つまり、それだけバカになるということだ。

寝不足のときに、キャンディやドーナツなどの甘いもの、スナック菓子といったでんぷん質を食べたくなる原因もこれにある。脳内からグルコースが減少すると、身体はできるだけ早く脳にグルコースを送ろうとする。生き延びるためにそうするのだ。このメカニズムは、遺伝子を通じて受け継がれてきた。狩猟採集時代に生きた私たちの先祖にとって、脳の働きが鈍ることは、捕食者の攻撃による死や、必要な食料を確保するための狩りや採集といった能力の著しい低下を意味したからだ。現代では、冷蔵庫のところへ行くだけで、寝不足の身体の訴えを鎮めることはできるが、グルコースの減少といった現象によってストレスが生じるメカニズムはいまなお健在だ。あなたの身体にも、しっかりと組み込まれている。

睡眠不足がミスを生む科学的な理由

睡眠不足になるとグルコースが減少すると言ったが、実は、グルコースの減少は均等ではない。これが重要なポイントだ。**睡眠不足になると、頭頂葉と前頭前皮質のグルコースは実質12〜14パーセント失われる。**頭頂葉と前頭前皮質は、考えるとき、複数の考えを区別するとき、人前に出たとき、善悪の判断をつけるときにいちばん必要となる脳の領域だ。夜更かしした翌日に、ちゃんと頭が働いていれば絶対にしなかったようなまずい判断をした経験はないだろうか？　誰にでもあるはずだ。

そういう失敗の責任は、一概に自分にあるとは言えない。なにしろ、いつもより鈍いバージョンの自分自身に、脳をのっとられていたのだ。

睡眠不足の状態になると、無意識のうちに意志と生態の鉄檻デスマッチが始まる。寝不足であっても、身体にいいものを食べよう、運動する量を増やそう、はたまた、人間関係を改善しようと心に決めているかもしれない。しかし、脳はこれまでの経験から、ポテトチップスや砂糖をまぶしたコーンフレーク、アイスクリームなどがグルコースの源になると知っている。だから、前頭前皮質の機能が衰え始めると、そういった食べものをとれば足りない部位にグルコースを補給できると気づく。そうなれば、意志は脳に羽交い締めにされ、食べものを探す司令が全身に送られる。

そうして気づいたときには、チーズ味のスナック菓子の袋をまさぐり、指がチーズ味になっている。あるいは、空になったアイスクリームの容器が目の前にある。なぜこんなことになったのかと動揺し、敗北感に打ちひしがれ、自分を責める。だが、そもそも過ちを犯す状態に自分がなっていたことには気づかない。疲れているときのあなたは、本当のあなたではない。少なくとも、最高の状態のあなたではない。睡眠が不足すると、自動的にあなたに不利な状況が生まれてしまう。

とはいえ、賢い眠り方を身につければ、自分に有利な状態を保ち、健全な選択を自動的に行えるようになる。賢く眠る秘訣はこれからたくさん紹介するが、その前に、まずは寝不足の脳があなたの人生に与えている影響について知っておいてもらいたい。

睡眠は学習の質にも影響を与える

アメリカ睡眠医学会が発表した調査により、睡眠不足は、大量の酒やマリファナを摂取した状態と同等の影響を学業の成績に及ぼすことが明らかになった。睡眠不足の状態で講義を受けていた学生の多くは、十分な睡眠をとっていた学生よりも低い成績をとり、なかには落第する学生もいたという。

つまり、睡眠不足が学習に及ぼす悪影響は、深酒並みに深刻になりかねないということだ。この事実は本当に衝撃だ。人生のどの段階においても、その大部分を占めるのは学習だ。成功したいなら、情報を学習し保持する能力が何よりも重要になる。

学校に通っているあいだも、社会に出てからも、「何かをやり遂げる」という名のもとに睡眠を犠牲にする人は多いが、「作業をすること」と実際に効果をあげることでは大きく違う。この違いはしっかりと覚えておく必要がある。

睡眠を削れば、作業する時間が増えるのは間違いない。しかし、作業の質や効率性は損なわれる。医学雑誌『ランセット』に掲載された、医師を対象にした調査を紹介しよう。

それによると、**睡眠不足の医師は、十分な睡眠をとった医師に比べて業務を完了させるの**

に14パーセント長くかかり、ミスをする確率は20パーセント以上高かったという。睡眠不足の状態では、同じ業務をこなすのにより多くの時間がかかるばかりか、自分のミスの後始末をする時間まで必要になる。

だが、眠い目をこすりながら何かに取り組むのをやめて、睡眠の十分な確保をいちばんに考えた時間の使い方を覚えれば、やるべきことを短い時間で効率よく終えられるようになる。アイデアにあふれ、エネルギッシュになれる。問題を解決するときも、脳の必要な部位をスムーズに機能させられるようになる。死んでから好きなだけ眠ればいいという考え方をしていては、それが現実になる日が近づく一方だ。それに、いまはまだ人生を楽しめているとしても、睡眠が不足すれば脳がその影響を受け、生活に多大な支障をきたすことになる。

眠りは脳をキレイにする

人類の歴史が記録され始めた当初から、哲学者も科学者も、睡眠には真の目的があるとしてさまざまな仮説を立ててきた。私たちが暮らす現代社会は、昔と違って自分を取り巻く環境に注意を払わずにすむようになった。いまは危険や捕食に対してもっとも無防備な時代だ。仮に睡眠が生存を厳しくさせる要因となるのであれば、進化の過程でとっくに消えていたはずだ。

だが実際はと言うと、睡眠のおかげで、私たちは信じがたいレベルの成長や進化を遂げることができた。睡眠は進化を阻むものではない。進化の触媒となるものなのだ。

人間の脳ほど強固な構造は地球上に存在しない。私たちが肉体をつくれるのも、高層ビルや自動車や宇宙船をつくれるのも、脳があるから可能になった。テクノロジーの力を引きだしてインターネットを生みだせたのも、DNAの力を解き明かして生命の理解を深めることができたのも、脳のおかげだ。私たちの脳は、どんな未知の状況に遭遇しても、対外的に考えることができる。過去を分析することも、未来を予測することも、予測した未来を手にする方法を際限なく生みだすことだってできる。

また、脳内に宿る膨大な数の細胞は、身体のあらゆる機能を制御している。その細胞一つひとつに、身体全体を使って行うことを単独でできる力がある。栄養を摂取し、周囲と交流し、自らの分身をつくる。それだけではない。老廃物までつくりだす。科学者によると、脳細胞から老廃物が排出される過程が、私たちに良質な睡眠が欠かせないことと深く関係している可能性があるという。

私たちの身体には、細胞から出た老廃物を管理するメカニズムが備わっている。それがリンパ系だ。代謝によって生まれた老廃物や有害物質を除去し、身体を健康に保つ役割を担う。ただし、脳はリンパ系に含まれない。血液脳関門によって、他の器官とは独立して制御されているのだ。脳内に何が通過できて何が通過できないかは、この関門が決める。脳から遠く離れたところで脳への侵入を試みる不届き者を見つけだせる細胞の門番に、脳は厳重に守られているというわけだ。

老廃物を除去する脳のシステムは睡眠時に活性化する

脳には老廃物を除去する独自のシステムが存在する。リンパ系とよく似たそのシステムは、グリンパティック系と呼ばれる。このシステムをつかさどるのは脳内にあるグリア細胞で、この細胞に敬意を払ってリンパの頭に「グ」がつけ加えられた。

脳は実にさまざまな働きをするが、その結果、大量の老廃物が生まれる。それらはすべて排除しないといけない。老廃物を取り除くことで、文字どおり、新たな成長や発達の余地が生まれるからだ。**死んだ細胞の除去やリサイクル、有害物質の排除、老廃物の排出は、脳が機能するうえで絶対に欠かせない。**

そして、このシステムと睡眠との具体的な関係が、ロチェスター大学メディカル・センターに属するトランスレーショナル神経医学センターの研究者らの手によって明らかにされた。眠っているあいだ、グリンパティック系の活動は目覚めているときの10倍以上も活発になるのだ。しかも、眠っているあいだは脳細胞が約60パーセント縮小するため、老廃物を除去する効率はさらに高まるという。

目覚めているときの脳は、学習や成長に勤しみ、脳の持ち主が活躍できるよう協力している。ずっと動きっぱなしなので、たくさんの老廃物が絶えずたまっていくが、そのほとんどは、睡眠がもつ修復の力で除去される。

自宅のゴミを捨てるシステムがとどこおれば、家はあっというまに悲惨なことになる。それと同じで、十分な睡眠をとらず、グリンパティック系が働かなかったら、脳内が大変なことになる。もっと具体的なことを言うと、有害な老廃物を除去する能力が脳にないことが、アルツハイマー病を発症する根本的な原因の一つだと言われている。

思考のパフォーマンスを最大化させるには

ここまでの説明で、睡眠の改善を最優先事項にすべきだとおわかりいただけたと思う。とはいえ、この章であげた睡眠が大切な理由はごく一部にすぎない。

どんなときでも、睡眠には価値があるということを忘れないでほしい。自分に必要な睡眠をしっかりとると、パフォーマンス力が向上する。よりよい決断を下せるようになり、より健康を保てるようになる。睡眠は、避けないといけない障害などではない。身体が必要とする、自然な状態だ。ホルモン機能を高め、筋肉、細胞組織、臓器を修復し、病気から身体を守り、思考を最高の状態で働かせるためには、睡眠が欠かせない。夢の世界を避けて通ろうとしたところで、成功への近道にはならない。睡眠を適切にとって初めて、やるべきことの量と質が高まり、これまで以上に能力が発揮できるのだ。

最高の脳と身体をつくる睡眠の技術～認識編～

■睡眠をスケジュールに組み込む

大仕事や一大イベントが控えているときは、カレンダーを前に置いて、理想的な睡眠時間のとり方を計画しよう。一日のスケジュールを事前に決めておくだけで、睡眠時間はたいてい確保できる。それなのに、この方法は見落とされがちだ。たぶん、あまりに単純すぎるからだろう。

自分にとって大切なことは、必ずスケジュールに組み込むこと。そうしてできるだけスケジュールどおりに行動し、「心身をしっかりと休めたほうが、より早くよりよい仕事ができる」と自分に言い聞かせる。睡眠時間を削って仕事にあてることになる原因は、たいてい、スケジュールをきちんと立てていなかったせいだ。ベンジャミン・フランクリンもこう言っている。「準備を怠れば、失敗に向けた準備をすることになる」

■人生の質を睡眠が握っていることを自覚する

睡眠に対する認識をいますぐ改めよう。「仕事（やらないといけないこと）を邪魔するもの」ととらえるのをやめて、睡眠というプロセスそのものを楽しむようにするのだ。

本当の変化は、認識を改めるだけで起こり始める。これからは、睡眠を「かけがえのない道楽」だと思うようにしよう。五感を満足させるデザート、心身からリラックスできるマッサージ、特別な人とのデートなどと同じで、心からの楽しみの一つだと思うといい。眠ることをストレスに感じるのはやめて、「今夜は大好きな睡眠ちゃんとデートだ。満喫するぞ！」という具合に楽しもう。いまのままでも、あなたは十分に頑張っている。だから、心おきなくぐっすり眠ればいい。

さて、睡眠が貴重な理由について掘りさげたところで、賢く眠る具体的な方法に話を移そう。快眠人生を手にするためのツールやヒントが手に入るのはもうすぐだ。それではさっそく始めよう！

CHAPTER 2

睡眠ホルモンを自らつくりだす

太陽光が睡眠の質を決める

夜ぐっすり眠るための行動は、朝目覚めた瞬間に始まる。

私たちが暮らす世界では、明るい時間帯と暗い時間帯を予測することができる。人はそのパターンとともに進化を遂げ、そのパターンが睡眠サイクルをコントロールしてきた。24時間周期で訪れる睡眠サイクルは、日中に浴びる太陽光の量に大きく左右される。

日中に太陽光をたくさん浴びるほうが夜によく眠れると言われても、ピンとこないかもしれない。しかし、科学がそれを証明している。

一般的な体内時計のリズム

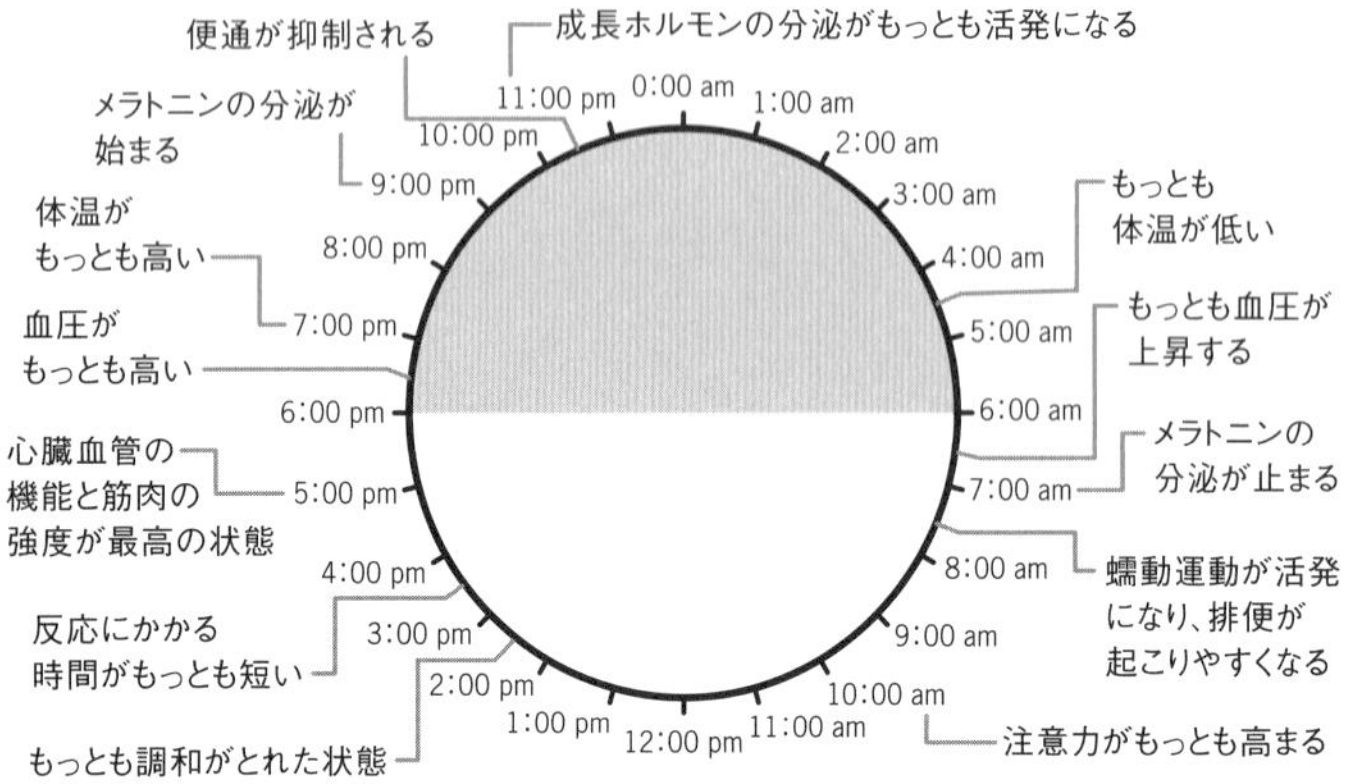

午後10時に寝て午前6時に起きる人の正常な体内時計の例

私たちの身体には、24時間周期の体内時計がある。これは決して空想上のものではない。携帯電話や腕時計と大差のない、本物の24時間周期の時計だ。私たちの身体は、決まった時間に決まったホルモンが分泌されるようにできている。この体内時計システムが、消化、免疫系、血圧、脂肪の利用率、食欲、気力などの調節を助けているのだ。

24時間周期の体内時計は、脳の視床下部にある「視交叉上核」と呼ばれる神経細胞の小さな集まりで管理されている。視床下部は、体内のホルモン分泌系の要として知られる。この領域が体内のマスタークロックとして機能し、空腹、喉の渇き、疲労、体温、睡眠サイクルを調節するのだ。つまり、睡眠をどうにかしたいなら、頭に意識を向ける必要があるということだ。

ならば、朝の光を浴びたら睡眠はどのように改善されるのか？　光は、視床下部や光に反応する臓器や腺に「起きなさい」という警告を送る役割を果たす。**光、それも太陽光には、日中に分泌されるべきホルモンや、体内時計を調節する神経伝達物質の生成を促す力がある。**太陽光が引き金となって、身体にとって最適な量の生成が始まるのだ。一方、日中にあまり光を浴びず、日が落ちてから人工光を大量に浴びれば、夜の熟睡に悪影響が生じる。これは、熟睡に欠かせないセロトニンという神経伝達物質が、光を浴びる量に左右されるからである。

セロトニンがパフォーマンスを高める

セロトニンは一般に、幸福感や満足感をもたらす一助となる物質として知られる。気分や認識力に著しい影響を及ぼすので、抗鬱剤の多くがセロトニンのそうした機能を中心に構成されている。また、体内時計の調節にもセロトニンは欠かせない。

セロトニンの約95パーセントは、体内の消化管に存在する。そう言われると、たいていの人は驚く。セロトニンは、体内で魔法のように勝手に生成されるわけではない。何を食べ、どの程度身体を動かし、自然光をどのくらい浴びるかで変わってくる。

私たちの目には、脳の中心（視床下部が位置する部分）に情報を送る特別な光受容体がある。その働きが引き金となってセロトニンが生成される。このメカニズムは、私たちが自然と共生し、体内時計が正しい時間にセットされている限り続く。しかし、**体内時計が狂う、自然光をあまり浴びないということになれば、セロトニンの生成量が減り、ひいては健康に悪影響が及ぶ**。

臨床心理学者のジェフリー・ロスマンは、著書『The Mind-Body Mood Solution（心身と気分の問題を解決する）』で次のように述べている。「私たちの光を浴びる量が減り、それによって被害を被っているということに気づいている人はあまりいない。人間の目には明るさの変化に適応する素晴らしい能力が備わっているため、屋内にいて実際に浴びる光の量が少なくても、少ないと認識しない傾向がある。一般的な屋内の光量は、晴れた日の屋外の１００分の１しかない。くもりの日でも、屋内の光に比べれば、外は10倍以上明るい」

ということは、一日中オフィスに閉じ込められ、机に向かうことが当然となっている何百万もの人たちは、どう対処すればいいのか？　そもそもこの事実は、どれほど重要なものなのか？

日中にオフィスで働く人の睡眠の質を調査した最近の研究で、衝撃的な事実が判明した。**職場に窓がある環境で働く人に比べて、職場に窓がない環境の人が浴びる自然光の量は173パーセント少なく、一日あたりの睡眠時間も平均46分短かった**のだ。睡眠が短くなったことにより、病気の申告は増え、バイタリティや睡眠の質は低下した。

それに対し、オフィスにいても自然光を多く浴びる人は総じて活動的で幸福感が強く、生活全体の質が高かった。この結果には、セロトニンの働きが関係していると見て間違いないだろう。ただし、これはセロトニンの機能のほんの一部にすぎない。

セロトニンがお腹を住処としていることは先に述べたが、血小板や中枢神経系、皮膚にもセロトニンは存在する。

皮膚の表皮を主に構成する角化細胞にはセロトニンとセロトニン輸送体があり、どちらも太陽光の影響を強く受ける。皮膚が太陽から紫外線を吸収すると、ビタミンDとセロトニンの生成が自動的に始まる。ビタミンDもまた快眠に強く関係する物質だが（これについては第7章で詳述する）、セロトニンの役割と睡眠は切っても切り離せない。というのは、セロトニンの生成が、夜に熟睡する手はずを実質整えることになるからだ。米国実験生物学会連合会の報告によると、人間の皮膚にはセロトニンを生成し、それをメラトニンに変える力があるという。

熟睡に不可欠なメラトニンの仕組み

熟睡のいちばんの立役者はメラトニンという物質だ。セロトニンはいわばメラトニンの広報担当者で、ほかの細胞たちにメラトニンの存在を知らせ、眠っているあいだにメラトニンが活躍できるように準備を促す。メラトニンが活躍するあいだ、ほかの細胞たちは夢のなかというわけだ。

メラトニンは脳内の松果腺を中心に体内の細胞組織で生成され、寝る準備が整ったという信号を細胞に送る。外が暗くなるにつれて自然に分泌が始まるが、適切な時間に適量の光を浴びなかったら、そのメカニズムが台無しになりかねない。メラトニンに眠りを誘発する働きはないので、厳密には「睡眠ホルモン」ではない。とはいえ、「熟睡を促すホルモン」であることは間違いない。メラトニンは睡眠に最適な状態に身体を整え、睡眠の質を高めてくれるからだ。

メラトニンは老化に関係するという研究者もいる。たとえば、夜間にメラトニンが生成される量は幼少時がもっとも多く、年をとるにつれて徐々に減少することが明らかになっている。メラトニンは若さや活力を維持する一助となるが、年齢を重ねるにつれてその数は減るということだ。メラトニンとは本来そういうものなのだろうか？　それとも、睡眠を尊重しないことが原因で引き起こされることなのか？

メラトニンは加齢とともに減少するとはいえ、賢く眠れば大幅に減ることは防げる。それだけぐっすり眠れる年月を延ばせるということだ。**メラトニンの生成と分泌は、光を浴びた量に大きく左右されることを忘れてはいけない。**太陽が発する光のスペクトルは、メラトニンを生成するサイクルの調節に役立つ。つまり、日中に太陽光を浴びる量を増やし、夜に浴びる光の量を減らせば、熟睡を確実にもたらす魔法の方程式に近づけるのだ。

問題児コルチゾールの本当の働き

日中に生成されるホルモンのなかに、睡眠に重要な役割を果たすものがもう一つある。コルチゾールだ。近年の健康問題にとって重要なキーワードとなっているので、聞いたことがある人もいるだろう。コルチゾールは、ストレスが生じたときに分泌される「ストレスホルモン」だとして問題視されるようになった。50以上のホルモンが体内で分泌され流れるなかで、唯一の問題児というレッテルを貼られている。

太るのはコルチゾールのせいだ！　ホルモンバランスが崩れるのもコルチゾールが原因

だ！　大好きなテレビ番組が打ち切りになったのもコルチゾールが悪い！　コルチゾールさえいなくなれば、すべてがうまくいくのに……。

だが現実には、コルチゾールは悪者ではない。健康で身体の働きを最適に保つために、なくてはならない大切な存在だ。コルチゾールが生成されるのには、ちゃんとした理由がある。だから、コルチゾールの量をできるだけ減らしても意味はない。必要なときに必要な働きができるように、コルチゾールを健全なリズムで生成できることが大切なのだ。

世間で言われている説明とは相容れないかもしれないが、コルチゾールはある種のスーパーヒーローだと言っていい。コルチゾールは、起きあがって動くためのエネルギーややる気をもたらしてくれる。眠りから目を覚まさせ、機敏に動けるようにしてくれる。精神力、集中力、やる気を日々もたらしてくれる。もちろん、コルチゾールに欠点がないわけではない。生成が過剰もしくは不足すれば、問題が生じる恐れがある。

自然療法医のアラン・クリスチャンソンのベストセラー著書『The Adrenal Reset Diet（副腎リセットダイエット）』に、コルチゾールに関する素晴らしい記述がある。「コルチゾールは生体のリズムを日々管理する副腎ホルモンだ。たとえるなら、体内に備わっているコーヒーメーカーのような存在だ。私たちは毎朝、副腎ホルモンが新しいコーヒーを淹れたとたんに目が覚める。夜は、副腎ホルモンというコーヒーメーカーのスイッチが切れ

コルチゾールが分泌されるリズム

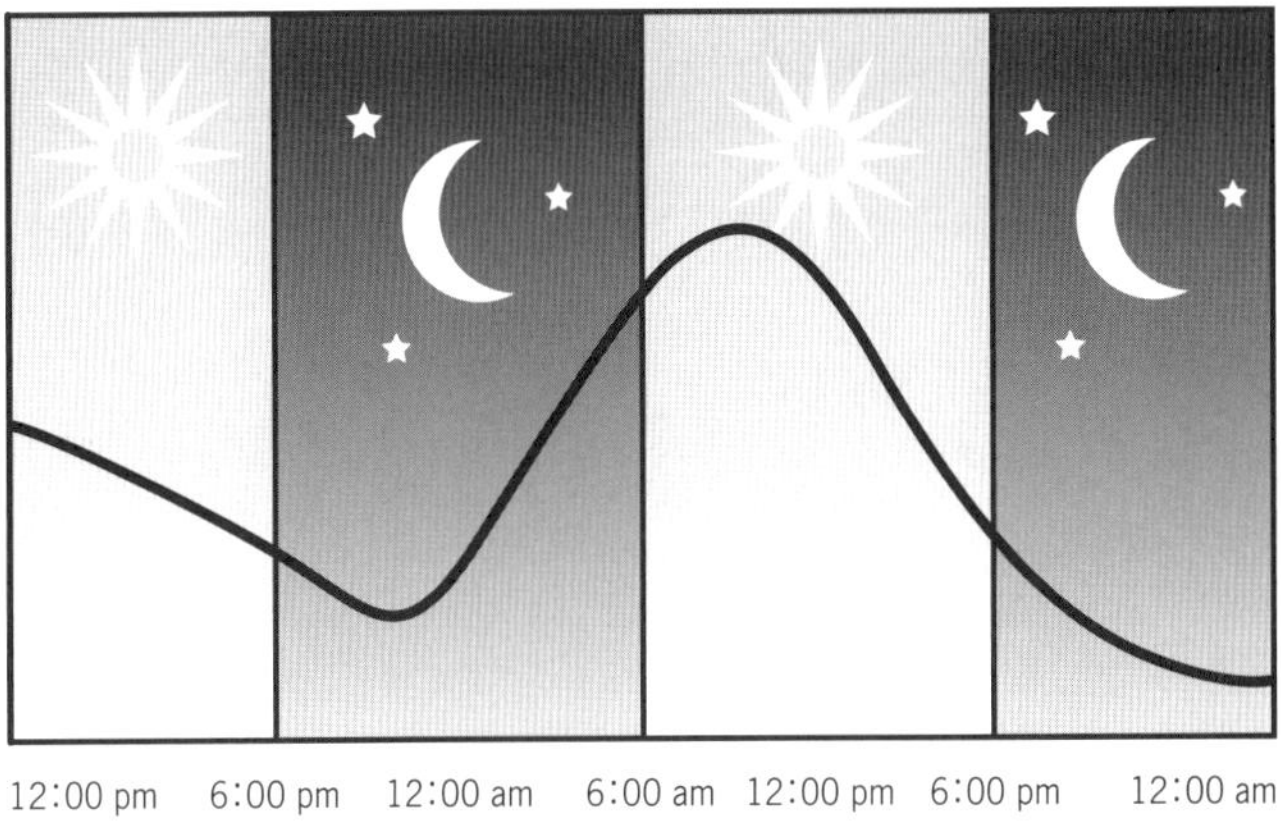

て眠りに落ちる」

コルチゾールは睡眠のサイクルに欠かせない。図を見てわかるように、朝になったらコルチゾールの分泌量は自然に増える。それは、朝起きて行動を起こし、人生を楽しむためだ。時間がたつにつれ、コルチゾールの量は減少の一途をたどり、熟睡の準備に入る頃に底をつく。これがコルチゾール生成の正常なリズムだが、みなさんもご存じのとおり、毎日の生活は必ずしも正常とは限らない。

コルチゾールが本来少なくなるべきときに最大になる人もいれば、本来最大になるべきときに少なくなる人もいる。そういう人は、「疲れすぎてリラックスできない状態」だと言える。夜になると、身体は疲れているのに神経は最高に高ぶり、本来すっきりしているべき午前中は、ベッドから身体を引き離せない。そういう状態に心当たりがあるなら、この本で紹介する対策が役に立つ。驚くほど熟睡できるようになるはずだ。

適切にコルチゾールを生成すればメラトニンも適量になる

コルチゾールとメラトニンについて、ぜひとも覚えておいてほしいことがある。この二つはなぜか、反比例の関係にある。基本的に、コルチゾールの分泌量が増えると、メラトニンの分泌量は減る。反対にメラトニンが増えれば、コルチゾールが減る。つまり、どちらかのホルモンが適切なタイミングで生成されるようになれば、もう一方も自然と正常に生成されるようになるというわけだ。

日中に太陽光を浴びることが大切な理由は先に述べたが、実は、コルチゾールの生成を促すという意味でも大切だ。繰り返しになるが、進化生物学の観点から見れば、明るいうちに起きて食べものを調達し、居住環境を維持し、愛する人の世話をするのが正常となる。隔月に刊行される電子雑誌『イノベーション・イン・クリニカル・ニューロサイエンス』に、それを裏づける研究が発表された。「太陽光を浴びると、日中に薄暗い光のなかで過ごしたときに比べて夜間のコルチゾールレベルが大幅に下がった。太陽光を浴びる量を増やせば、コルチゾール分泌の正常なリズムが生まれ、メラトニン分泌のリズムもまた正常になる」

太陽光が睡眠とホルモンの働きに与える影響について理解したのだから、太陽光を浴びることの大切さがしっかりとわかったはずだ。あなたの遺伝子は、寝て起きるサイクルを管理するために、文字どおり太陽光に身体をさらしたがっている。とはいえ、私たちが暮らす世界は、祖先が生きた世界からすっかり様変わりしてしまった。そこで、現代で安全かつ効果的に太陽光を最大限に浴びる方法を紹介しよう。

最高の脳と身体をつくる睡眠の技術～自然光編～

■午前6時から午前8時30分のあいだに太陽光を浴びる

睡眠にとってメリットになるという意味では、太陽光なら何でもいいとはならない。体内時計がもっとも敏感に反応するのは、早朝午前6時から午前8時30分の太陽光だ。それより遅い時間に日光を浴びても効果はあるが、まったく同じメリットは得られない。もちろん、時間帯は時季によって変わるが、6時～8時30分のあいだに太陽光を浴びる習慣をつけるとよい。

太陽光の恩恵を最大限に受けるためには、少なくとも30分は屋外で日光を直接浴びたほうがいい。冬のあいだは、皮膚に直接浴びられないこともあるだろう。とはいえ、先にも述べたが、目を通じて自然光を取り込むことができるので、それを利用すればいい。くもりの日でも、屋外に出れば身体が喜ぶ。

■休憩時間に外に出る

日光が当たらない職場の人は、休憩時間をうまく使って外に出て、太陽に直接当たろう。空が雲で覆われていても、太陽光線は雲を突き抜けるので、ホルモンの働きを高めてくれる。10〜15分休憩をとって、屋外か窓のそばで過ごそう。もっと高いレベルを求める人は、昼食や打ち合わせを屋外にする習慣をつけるとよい。

■ビタミンDを生成する紫外線Bを浴びる

健康のことを考えると、窓を通して皮膚に日光を浴びているだけでは十分とは言えない。太陽からは人体に影響を与える波長がたくさん放出されているが、私たちにもっとも必要なのは紫外線Aと紫外線Bだ。どちらも生体に影響を及ぼすと昔から知られている。紫外線Bはとくに貴重だ。これを浴びることでしか、体内でビタミンDは生成されない。

ところが、紫外線Aの波長のほうが紫外線Bより長く、さまざまなものを簡単に貫通できる。オゾン層、雲、汚染された大気はもちろん、ガラスですらほぼそのまま通り抜ける。一方、紫外線Bはガラスによってほとんど遮断されてしまうため、紫外線Aの害を受けないように気をつける必要がある。太陽の光そのものが悪いと言いたいのではない。日光を浴びれば、身体に害をなすリスクもついてくるという意味だ。

紫外線AとBの両方が必要とはいえ、紫外線Aを浴びすぎると、皮膚ガンや肌の老化を招くリスクが大きく高まる。窓を通して大量の日光を浴びることは素晴らしい。そうして浴びた光が目の受容体を介して取り込まれ、体内時計を正しく調節するようにという司令が脳に伝わる。とはいえ、窓を通して日光を長時間浴びることは、念のため避けたほうがいい。

また、住む地域によっても違うが、紫外線Bが身体に入ってこない時季がある。一般に、冬のあいだは日中でも紫外線Bを取り込むのが難しくなる。ただし、その度合いは住む地域によってばらつきがある。

■サングラスでの紫外線対策は要注意

目の受容体を通じて取り込まないと太陽光の恩恵にあずかれないのなら、サングラスは身長2メートル以上あるNBA選手のごとく日光をブロックしてしまうのではないか。

サングラスをかけると、ホルモンの分泌や健全な睡眠に欠かせない太陽光が遮られる。それ以上も以下もない。いや、紫外線対策がきちんとされていないサングラスをかけるくらいなら、何もかけないほうがよっぽどいい。まぶしい日差しのなかにいるとき、目は自然に瞳孔を小さくして紫外線を過剰に浴びないようにする。ところが、ごく普通のサングラスで人工的に目を暗闇で覆うと、瞳孔がいつも以上に開き、身体に害をなす恐れのある紫外線をさらに取り込むことになる。

そういうことなので、オシャレのためだけに晴れた日にサングラスをかけるのはやめたほうがいい。目の保護のために一時的にサングラスをかける必要があるなら、紫外線対策がしっかりとなされているか確認すること。雪上スポーツではとくにその確認が大切だ。紫外線対策がなされていないと、俗に言う「雪目」（光線角膜炎）になりかねない。

自分の未来がまぶしすぎてサングラスをかけずにはいられない、という人は仕方がない。身体に害が及ばないように、くれぐれもご注意を。

■裏ワザに頼るのはライフスタイルを見直してから

壁に囲まれた地下牢に囚われの身となる、といった非常事態に陥っても、日光を模した光を浴びられるライトボックス、帽子、イヤホンなどがある。これらは、季節性情動障害（暗い冬の時季に発症しやすい鬱病の一種）と診断された人の治療で使われることが多い。光線療法の機器が使い勝手のいい「裏ワザ」であるのは確かだが、どうか忘れないでほしい。健康を意識したライフスタイルに変え、身体に必要な日光を直接浴びられるようにする力があなたにはあるということを。光線療法に使用される機器の効果は病院で実証されているが、最高品質のライトボックスを使ったとしても、くもりの日に屋外で30分過ごすほどの効果は得られない。

CHAPTER 3

電子機器の使い方を見直す

電子機器は睡眠を阻害する

睡眠の質をいますぐ改善したいなら、夜に画面を見る時間を減らすのがいちばんいいように思う。コンピュータ、iPad、テレビ、スマートフォンなどの画面が発する**ブルーライトは睡眠を奪うため、睡眠不足になりかねない**。電子画面が放つ人工的なブルーライトは、日中に分泌されるべきホルモン（コルチゾールなど）の生成を促す。そうなれば、寝る準備が整った身体に混乱をきたす。

電子画面に顔を近づけて見ているときは、ブルーライトの強さはほとんどわからない。

距離が近いと、ありとあらゆる色が見える。しかし、部屋を暗くして一歩下がると、どの色よりもブルーが目立ち、強く遠くまで発せられていることがわかる。夜に住宅地を車で走っていると、どこかの家の窓から鮮やかなブルーの光が漏れていることがある。何を見ているのだろう、もしや宇宙人に侵略されたのか、と思ったことがある人もいると思う。それがブルーライトであり、私たちの睡眠に大きな影響を与える。

ボストンにあるブリガム・アンド・ウィメンズ病院の研究から、寝る前にブルーライトを発する電子機器を数時間使うと、体調や注意力をはじめ、毎日の睡眠リズムに反映される体内時計にマイナスの影響を与えかねないことが明らかにされた。夜にｉＰａｄで読書をした被験者は、紙の書籍を読んだ被験者に比べて寝つくまでに時間がかかり、眠気もあまり感じず、レム睡眠の時間も短かったという。また、メラトニンの分泌量も少なかった。この物質が睡眠の質に多大な影響を与えることは、すでにご存じのとおりだ。しかも、どちらの被験者もしっかりと8時間の睡眠をとったにもかかわらず、ｉＰａｄで読書した人のほうが翌日に疲れが残っていたという。これは特筆すべき事実だ。

スマホの画面がメラトニン分泌を抑制する

また、ニューヨーク州トロイにあるレンセラー工科大学ライティング・リサーチ・センターのマリアナ・フィゲイロ博士のチームは、寝る前にコンピュータの画面に2時間向かうだけで、夜間に分泌されるメラトニンの量が著しく抑制されることを実証した。メラトニンの分泌が乱れれば、通常の睡眠サイクルも当然乱れる。

フィゲイロ博士は、夜に電子機器を使うことが習慣化すると、体内リズムが慢性的に狂う恐れがあるとも指摘する。そうなれば、深刻な病を抱える可能性が格段に高まる。

私たちが電子機器を使うようになったのは、ここ数十年のことだ。最初に登場したのがテレビで、その後に続くノートパソコン、タブレットPC、スマートフォンなどの登場は比較的最近だ。人間が何百万年もかけて進化を遂げてきたことを思うと、20年ほど夜更かしを続けたくらいで身体が適応できるとは思えない。

私たち人間は、電子機器が放つ類いの光をじっと見つめるようにはできていない。夜にそういう機器を使うなどもってのほかだ。映画『ポルターガイスト』で姿を消した少女のようになりたくないなら、その光に近づいてはいけない（私はいまでもこの映画を見ると震えあがる)。

もちろん、私たちにはやらないといけないことがあり、私たちを取り囲むテクノロジーには素晴らしい力があることはわかっている。それでもやはり、電子機器とのつきあい方を賢く変え、身体の自然な働きに意識を向けて尊重する必要がある。

誰もがスマホ依存症になっている

私は先日、アメリカ最大手銀行の一つでワークショップを行った。社員のパフォーマンスを向上させることが目的で、当然、それには賢く眠ることが大きく関係する。

ワークショップは楽しいひとときだった。学ぶなかにも笑いがあり、たくさんの社員が参加してくれた。そんななか、夜に電子機器の光を大量に浴びることの弊害の話になると、おもしろいことが起きた。

参加者はみな、その話がいかに大事なことかちゃんと理解できた。ところが、寝る前に電子機器を使わずにできることは何かと尋ねると、部屋を埋め尽くした優秀な大人たちは困惑し、答えを知っている者はいるのかとキョロキョロし始めた。どうやらみんな、電子機器を使う以外にできることをすっかり忘れてしまったらしい。

困惑と沈黙が数秒ほど続いたのち、私の左側にいた勇敢な女性がそろそろと手を挙げた。そして恥ずかしそうに、「本を読むとか？」と言った。お気づきのとおり、彼女の答えは疑問形だ。やはり多くの人が、電子機器を使う以外にできることを忘れてしまったのだ。

自信なさげに言った彼女の答えを聞いて、私は「ええ、本を読むことができますね！」と大きな声で繰り返した。それを聞いて勇気がわいたのか、今度は反対側にいた女性が手を挙げて、「パートナーとおしゃべりもできますよね？」と言った。またもや疑問形の回答だったが、答えてくれるだけで十分だ。私は嬉しくなって、「ええ、パートナーとおしゃべりできます！　実在する人とは面と向かって話ができるんですよ。そんなバカな！と思うかもしれませんが」。その場が笑いに包まれると、私はワークショップを先へ進めた。電子機器を使わずに楽しい夜を過ごす方法をさらにいくつか紹介したが、方法を教えればすむ問題ではないのだと改めて思い知らされた。ここには、電子機器依存というさらに大きな問題が潜んでいる。

電子機器はドーパミン製造機だ

電子機器を使えば依存する可能性が生まれる、というレベルの話ではない。私たちは本当に、電子機器に依存している。そうなるように、人間の身体ができているのだ。といっても、電子機器自体に依存するようできているわけではない。絶えず何かを探求するようにできているのだ。

私たちの体内では、ドーパミンと呼ばれる物質が生成される。これは影響力がとても強い。かつては、脳が「快楽」を感じるシステムをつかさどる物質だと言われていた。楽しい、嬉しいといった気持ちにさせてくれるので、ドーパミンの分泌を促す行為（食事、セックス、ドラッグなど）を求めたくなるという理屈だ。ところが近年になり、ドーパミンは快楽と無関係であることが明らかになった。快楽の感情は、オピオイドという物質の作用がもたらす結果として生まれるという。ドーパミンは、探求という行為にのみ関係する物質だったのだ。**獲物を探す、先がどうなるのかを知る、といったことをするだけで、ドーパミンは分泌される。**脳はドーパミンがじわじわ分泌される状態が大好きだ。そんな脳が、インターネットにハマらないわけがない。

グーグル、ヤフー、ユーチューブなどで何かを調べたくて検索し、1時間後にはまったく違う何かを見たり読んだりしていた経験はないだろうか？

フェイスブックやツイッターやインスタグラムを「ちょっとだけ」見るつもりが、30分たってもネットにどっぷり浸っていた経験はないだろうか？

ネットを使えば、誰もが必ずそういう経験をする。ネットは、探し求めることをしたい脳やドーパミンにとって理想の存在だ。そこには、「見つけた！」と実感できる情報が無限にある。

探求に夢中になるのはなぜか。それは、オピオイドが快楽の感情を与えてくれるからだ。ネットで何かを調べるという行為には、必ずオピオイドがついてくる。そして、文字どおり瞬時に満足感をもたらしてくれる。新しいフォロワーができる、記事に「いいね！」がつく、インスタグラムに誰かの新しい写真がアップされるというように、何か新しい発見があるたびに、脳内に少量のオピオイドが分泌される。そうすると、また新たな発見がしたくなり、ドーパミンがさらに分泌されるというわけだ。

脳の反応のほんのさわりしか説明していないが、それでも、電子機器を使うことで脳に悪循環が生じることはおわかりいただけたと思う。ドーパミンにこうした性質があるとわかると、いい大人がお気に入りのおもちゃを手放さない子どもみたいに、電子機器を手放せなくなる理由がだんだん見えてくる。

ドーパミンは眠らせてくれない

ドーパミンが私たちを眠れなくさせる原因は、何かを探し求める行動のほかにもある。ドーパミンという物質そのものが、注意力を高め、意識を覚醒させることに関係しているのだ。だから、脳内のドーパミンレベルを高める薬（コカイン、アンフェタミン、メタンフェタミン、向精神薬のリタリンなど）を摂取すれば、覚醒の度合いは増す。スタンフォード大学が発表した調査によると、マウスの脳内からドーパミン輸送体を排除したら（それによってドーパミンが長く神経系にとどまることになる）、寝る時間が格段に短くなったという。

ドーパミンが意欲や注意力に関係する一方、セロトニンは充足感や緊張の緩和を促す。この二つは体内で別々に作用するが、どちらの作用が強くなるかは、寝る前にテレビを観るかどうかで決まる。

夜にぐっすり眠れるかどうかは、神経伝達物質やホルモンのバランスにかかっているのだ。

脳内麻薬を断つ

1980年代にアメリカで流れた、麻薬の危険性を訴えたCMをご存じだろうか。俳優が卵を見せながら「これがあなたの脳」と言い、「これが麻薬」と言って熱々のフライパンに卵を割り落とす。卵がジューと音を立て始めると、「麻薬をやったら脳はこうなる。まだわからない?」と締めくくる。

おかげで麻薬にかかわるまいと思えたのはありがたかったが、目玉焼きは食べづらくなった。

この手のCMには麻薬の恐ろしさを伝えるというしっかりとしたメッセージがあり、その効力も大きい。ただし、大事な視点が一つ欠けている。**この世でもっとも麻薬をたくさん生成するのは私たちの脳だ。**オピオイド、セロトニン、ドーパミン、アドレナリンといった物質は、脳内麻薬とも呼ばれる。本人が意識しているかどうかに関係なく、特定の行動をとると脳内麻薬が現れる。そのほとんどは、すでに存在する生成ルートをのっとる。そうすれば、本来の働きを発揮できるからだ。つまり、人工的に刺激を与えれば、脳内麻薬の生成が始まるというわけだ。電子機器を使っているときに脳内で起こることもまったく同じである。

誤解しないでもらいたいのだが、電子機器は怖いものだから使うのをやめろと言うつもりはない。私自身、スマートフォンやノートパソコンを好んで使っている。そういう機器のおかげで、たくさんの人とつながることや、知りたいことを素早く知ることが、世界のどこにいてもできる。ただし、機器とのつきあい方はもっと考えて行う必要がある。電子機器に支配されることなく使い続けるためには、そうするしかない。

■眠くなったらすぐネットから離れる

ここで大切になるのが「意識」だ。フェイスブックを見ているときに脳内で何が起きるかを意識する。これが悪い習慣から抜けだす第一歩だ。脳内で何が起きるかを意識すると、探し求める行為をしている自分に気づくようになる。インターネットというブラックホールに吸い込まれそうになっている自分に気づいたら、すぐさまネットから離れよう。脳はパターンづくりが大好きだ。気づいたらネットから離れるという行動を繰り返せば、その行動はしだいに定着する。

立ちあがってもいい。水を取りに行ってもいい。愛する人をハグしに行ってもいい。子どもと一緒に遊んでもいい。ストレッチをしてもいい（身体を動かすメリットについては

第11章で詳述する）。誰かに電話をかけてもいいし、好きな音楽を流してもいい。電子機器に依存せずにすむ方法はいくらでもある。寝る前に少しでも電子機器を使いたくなれば、寝不足になりかねない。この悪循環を断ち切るための何かをすることが大切なのだ。

ぐっすり眠れるようになるためのヒントや作戦、考え方は、まだまだたくさん紹介する。この章では寝る前に電子機器を使わないようにするための方法を紹介したが、これはとりわけ難しい。最初のうちは使わないことに抵抗があるかもしれないが、その習慣を断ち切る価値は絶対にある。

私たちのライフスタイルは、親世代が自分の年齢だったほんの数十年前と比べてもすっかり変わってしまった。それに、夜になって電子機器が必ず手放せる状況ばかりとも限らない。ここからは、外出や家族との時間、仕事などで少々夜更かしすることが出てくる人に役立つアイデアをいくつか紹介しよう。

寝る前に電子機器を使う習慣をなくせるかどうかは、代わりに楽しいことがあるかどうかが大きなカギとなる。「よし、今夜は寝る2時間前にコンピュータの電源を落とすぞ。インターネットめ、お前の思いどおりにはさせないからな」と心に決めたなら、その場に座ってぼんやりしていてはいけない。そんな状態でいれば、間違いなくネットを使えない禁断症状が出る。寝る前に電子機器を使う習慣を変えるつもりなら、それと同等以上に楽しいと思えることを代わりにするのだ。音楽を聴く、家族や友人と話す、本を読むなど何でもいい。試してみて自分にぴったりなことを見つけよう。私からもいくつかアドバイスを提案するので、それらもあわせて試してみるといい。

最高の脳と身体をつくる睡眠の技術～電子機器編～

■就寝90分前にはブルーライトを遮断する

身体が必要としている深い睡眠をとるには、少なくとも寝る90分前にはありとあらゆる画面の電源を切る必要がある。これを日課としよう。そうすれば、メラトニンとコルチゾールのレベルが正常になる。睡眠よりテレビを優先して体調を崩しても、タレントは決して治療費を払ってくれはしない。

■スマホの代わりになる楽しいことを見つける

夜の時間の使いみちは、電子機器を使う以外にもいろいろある。先にも述べたが、紙でできた本というものを覚えているだろうか？　昔から人々の娯楽として存在した本を開いて、壮大な物語を楽しんだり、刺激や知識を得たりすればいい。また、誰かと顔を合わせて話ができるということも思いだしてほしい。身近にいる人に話しかけ、その日に相手に起きた出来事に耳を傾けて、その人が夢中になっていることや苦労していることを聞きだせばいい。もちろん、あなた自身のことを語ってもいい。いまの社会は、ある意味かつてないほどつながっていると言える。その反面、他者とのつながりをつねに求めようとしてしまう。だからこそ、電子機器から手を離し、誰かと会話をしよう。愛情や思いやりを表に出すことが、健康で満ち足りた人生を送りながら長生きする秘訣だ。

■自動通知機能をオフにする

電子機器を手にとりたくなる合図をなくそう。行動心理学者のスーザン・ワインチェンク博士は次のように説明する。「ドーパミンの生成を誘発する流れを起こさせない、もしくはその流れをとめて、生産性を（そして睡眠の質も！）高めたいなら、合図をなくすことが何よりも大切です。携帯電話、ノートパソコン、デスクトップパソコン、タブレットPCの設定を変えて、自動通知を受けとらないようにしてください。自動通知は、ハードウェア、ソフトウェア、アプリに備わった素晴らしいサービスですが、それをオンにすれば、人は檻に囚われたマウスのようになってしまいます」。最高の睡眠を得たいなら、脳の働きを自分の手に取り戻したいなら、電子機器を手にとりたくなる合図をできるだけ目や耳に入れないようにしよう。そうすれば、瞬時にライフスタイルが変わる。

■ツールの力を借りる

ブルーライトを遮断するツールやグッズを活用しよう。遅くまでコンピュータ画面に向かわざるをえない状況は、どうしても生まれてしまう。そんなときは、最新技術の恩恵にあずかるといい。私は愛用のマックにf．lux（エフラックス）という無料ソフトをインストールしている。これがあれば、時間帯に応じて画面の色合いを調節し、コンピュータ画面から出る有害なブルーライトを抑えてくれる。とはいえ、本気で良質な睡眠をとりたいなら、寝る90分前には電子機器のスイッチを切るのがやはりいちばんだ。ブルーライトを抑えるソフトは、あくまでもそれができないときの助けとなるものでしかない。

ブルーライトを抑えるメガネもある。これをかけていれば、コンピュータ以外の電子機器が発するライトも抑えてくれるので、夜間に生成されるメラトニンの量が増えるという点でお勧めだ。

徹底的にブルーライトを遮断するメガネがどうしても欲しくて、未来人のように見えてもかまわないという人には、何もかもが安全で優しいオレンジがかった色に見えるメガネもある。映画『Mr.&Mrs.スミス』の有名な戦闘シーンで、ブラッド・ピットとアンジェリーナ・ジョリーがかけていたメガネによく似ていて、レンズ自体がオレンジがかっている。値段の安いものはあまりデザインがいいとは言えないが、かけた人の見た目ではなく、技術を重視しているのだから仕方がない。

CHAPTER4

カフェインの門限は午後2時

「コーヒーを飲むと眠れなくなる」は本当

カフェインは神経系に強い影響を与える刺激物だ。神経系がクリスマスツリーのように点灯すれば、上質な睡眠はとても得られない。

とはいえ、コーヒーを好む人はとても多い。残念ながらその現実は変えられない。ならば、上質な睡眠の邪魔をしないコーヒーの飲み方やカフェインのとり方を学ぶしかない。

学術誌『ジャーナル・オブ・クリニカル・スリープ・メディスン』に、カフェインが睡眠に及ぼす影響についての重大な見解が掲載されていた。その論文の筆頭著者は、デトロイトにあるウェイン州立大学メディカル・スクールで精神医学および行動神経科学部の准教授を務めるクリストファー・ドレイク博士だ。彼は次のように述べている。「仕事を終えた帰り道にマグカップ1杯のコーヒーを飲むと、睡眠に悪影響が生まれ、その影響力は寝る前にカフェインを摂取する場合と同等と思われる」

彼らは実験で、複数の被験者に異なるタイミング（寝る間際、寝る3時間前、寝る6時間前）でカフェインを摂取させた。すると、全員の睡眠が大幅に阻害されたことがはっきりと数値に表れたという。要するに、**寝る直前はおろか、寝る6時間前であっても、カフェインを含むコーヒーやお茶を飲めば睡眠が阻害されることが明らかになったのだ。**

また、この実験で採用された睡眠の測定の仕方にも特筆すべきものがある。彼らは、被験者が眠るときに睡眠測定器をつけてもらうとともに、各自に睡眠についての日記をつけてもらった。客観的なデータと主観的なデータの2種類を収集したのだ。寝る6時間前にカフェインを摂取した被験者は、測定器によると睡眠が1時間短くなった。ところが、睡眠に違いを感じたと日記に書いた被験者はひとりもいなかった。カフェインのせいで睡眠時間が物理的に短くなったというのに、その事実に気づかなかったのだ！　それに、すぐに眠りについたとも思っていたようだが、測定器によると、レム睡眠と深い睡眠を繰り返す通常の睡眠サイクルには入っていなかったという。

寝不足の悪循環は、まさにこのようにして始まる。カフェインのせいで十分な睡眠がとれなければ、目覚めても疲れがとれていない。疲れがとれていなければ、これまで以上にカフェインが欲しくなる。カフェインの量を増やせば、睡眠の質と量はさらに悪化する、というわけだ。身体が求めている睡眠を確保するには、この悪循環を断ち切るための対策が必要だ。

カフェインはエネルギーにならない

カフェインには二つの特徴がある。一つは、コーヒーや紅茶、チョコレートなど、カフェインが含まれているものは総じて美味しいこと。そしてもう一つは、人体との親和性が高いことだ。カフェインを摂取すると、身体も心も状態が上向きになる。だからこそ、中毒性があるのだ。

一方、**多くの人が誤解しているようだが、カフェインがエネルギーになることはない。**目覚めているあいだじゅう、脳細胞は活発に動いている。その結果、「アデノシン」と呼ばれる副産物が生まれる。アデノシンを単なる老廃物だと思ってはいけない。脳は絶えずアデノシンの増減に目を光らせている。というのは、脳と脊髄にあるアデノシンとその受容体の結合が一定レベルに達すると、とたんに身体が眠気を催すのだ（眠気とまでいかなくても、リラックスした気分になる）。そこへカフェインがやってくるとどうなるか。

カフェインには、アデノシンの受容体と結合できるという特異な性質がある。これは、カフェインとアデノシンの構造がよく似ているからだ。普通なら、受容体の周りは本物のアデノシンでいっぱいなので、身体は休息モードに移行する。しかし、そこへカフェインがやってくると、いつまでたっても帰らない親戚のように居座る。カフェインはアデノシンではないので、疲れを感じさせる作用は起きない。その結果、脳と身体の細胞は活動を続け、本当は眠いのにそうと気づかない。「そうなれば最高じゃないか」と思うのはある意味正しいのだろうが、「大きなトラブルの元凶になりかねない」ということにもできれば思い至ってほしい。

コーヒーで眠気をとばすとストレスが増大する

脳や身体が目覚めている状態で活動を続ければ、アデノシンはどんどん生成される。だが、カフェインが居座っている限り、アデノシンは正常に代謝できない。そうすると、体内の働きも変わらざるをえなくなり、神経系内でストレスホルモンが増大する。脳や臓器は休息や回復の指示を正しくもらえず、働き過ぎてしまう。

カフェインの影響力は長く続くので、完全になくなるのに数日かかることもある。**人体でのカフェインの半減期は5～8時間だと言われている（個人の体質による）。**「半減期」とは基本的に、一定時間（例：8時間）が過ぎた後でもまだその半分の量が体内で活動しているという意味だ。たとえば、体内におけるカフェインの半減期が8時間だとしよう。その場合、200ミリグラムのカフェイン（普通のコーヒー1、2杯ぶんに相当）を摂取したら、8時間後もその半分（100ミリグラム）は体内に影響を及ぼすことになる。さらに8時間後でも50ミリグラム、さらに8時間後でも25ミリグラムが体内で作用する。寝る6時間前に摂取したカフェインですら睡眠を阻害した理由はこれにあったのだ。

カフェインの影響が及ぶのは神経系だけではない。内分泌系にも影響を与える。内分泌器官の一つである副腎に刺激を与え、睡眠を阻害するホルモンの分泌を促すのだ。睡眠を阻害するホルモンとは何か。アドレナリンとコルチゾールだ。

コルチゾールについてはすでに紹介ずみだ。アドレナリンは、たぶん聞いたことがあるだろう。アドレナリンと言えば、臨戦態勢や立ち向かう力、屈強な男性が主人公の映画の象徴で、人間の内に備わった興奮の源だ。銃撃戦、戦車、スローモーションで爆破シーンから歩き去る姿などが思い浮かぶ。アドレナリンは、人の力を最大限まで引きだすというとんでもない役割を担う。人間が進化を遂げるあいだじゅう、脅威と戦ったり、安全な場所に逃げ込んだりできたのは、アドレナリンのおかげなのだ。

とはいえ現代では、アドレナリンが分泌するメカニズムはすっかり変わってしまった。精神的なストレスや感情的なストレスが生じたときや（これについては第16章で詳述する）、副作用を引き起こす性質をもつ物質（カフェインなど）が場当たり的に体内で消費されたときに、アドレナリンは分泌される。

アドレナリンには一時的に気分を晴らす効果はあるが、大きな欠点もある。**アドレナリンが分泌されると、ストレスホルモンが急激に増える。それに、アドレナリンの効果がきれると、虚脱感に襲われる。**アドレナリンが分泌される前の状態どころか、それ以下の状態になるのだ。アドレナリンの魔法にかかる前より疲れを強く感じ、頭はぼんやりした状態になり、苛立ちまで感じるようになる。虚脱感に襲われているときは、どんなに普段はいい人でも、コーヒーを手渡してくれない限り誰とも話そうとしない。だから次のような会話になる。

スー　　：ジェーン、おはよう
ジェーン：まだ何も言わないで。私のコーヒーはどこ？

（コーヒーを飲む）

さて、何の話かしら？

カフェインには人を元気にさせる効果があるが、欠点もあるということを忘れてはいけない。私たちの体内に及ぼす影響力の大きさから、自分でも気づかないまま、あっというまにカフェイン依存になりかねない。

なぜカフェインを断つのは難しいのか

先日、誰もが知っている有名人が私を訪ねてきた。素敵な本名を明かすわけにはいかないので、仮にサシャと呼ぼう。サシャは素晴らしい行動力の持ち主で、自分と家族のために懸命に働いて見事に成功を収めた。まさにすべてを手にした女性だ。彼女自身もそう自負しているものの、頭の片隅に悩みを一つ抱えていた。

サシャは、自分以外の何かに生活を支配されるのはゴメンだと思っていた。自分ひとりの力で長年にわたってキャリアを重ね、自分の力を周囲に示し、乗り越えられないことは何もないと証明してきた。しかし、コーヒーだけは別だった。何度コーヒー断ちを試みても、どうしてもやめられない。

サシャはコーヒーが大好きだ。飲んだときに得られる効果にも満足している。ただし、コーヒーを飲まなかったときに自分の身に起こることは別だった。頭痛がして気分が沈み、心から大事に思っている人に苛立ちをぶつけてしまうのだ。それが普通の状態でないという自覚はあった。そして、私のポッドキャスト「ザ・モデル・ヘルス・ショー」の大ファンだったことから、私に助けを求めにきた。

サシャは健康への関心が高く、そんな彼女をサポートできるのは光栄だった。とるべき行動を教えることはもちろんできたが、本当に必要なのは、彼女にコーヒー断ちができなかった理由をはっきりと認識させることだった。そう、彼女はコーヒーに依存しているのだ。

■コーヒー断ちによる頭痛の正体

サシャは本来の自分がどういうものかを見失い、コーヒーを飲まないと「普通の状態」だと実感できなくなっていた。コーヒーをやめようとしたが、飲まないと激しい頭痛に襲われると彼女は言う。カフェインには血管を収縮する作用がある。カフェインを摂取している状態が当たり前の身体になった人が突然カフェインをとらなくなれば、反動で血管が拡張するので、身体に激しい衝撃が走っても無理はない。

血管が縮んで血流が低下しているところに、いきなり血管が広がって血液がたくさん流れ込むとどうなるか。それを実感するのは主に頭と首周りなので、頭の片側がズキズキと痛む片頭痛が起こりやすくなる。

どこからどう見ても、カフェイン切れによる頭痛は最悪だ。おまけに、エネルギーと集中力の低下を招くうえ、コーヒーが切れたらすぐに誰かにもってこさせようとする（決してカフェインを非難しているわけではない。摂取の仕方さえ間違えなければ、私はカフェインが大好きだ）。サシャの身体はカフェインに依存するようになり、カフェインに人生を支配されてしまった。それを何とかする必要がある。

だからといって、コーヒーを断つと決めて朝からコーヒーを飲まないようにすればいいというものでもない。私とサシャは、カフェインをとりながらその影響力を和らげることに決めた。カフェインをとるといっても、コーヒー以外の何かから、これまでより少ない量を摂取するのだ。私はサシャに、コーヒーの代わりにカフェインを含む濃い目のお茶（紅茶のアールグレイやイングリッシュ・ブレックファスト、プーアル茶、マテ茶など）に切り替えるようにと告げた。そうすれば、カフェインの量はコーヒーの3分の1〜2分の1程度に減る。さらに、それに慣れるまでの数日間は、コーヒーの倍の量を飲んでもかまわないと言い添えた。依存の問題は、カフェインそのものだけでなく、何にカフェインが含まれるかも関係する。カフェインを含むとはいえ、飲みもの自体が変われば身体への影響の仕方も変わる。食品や飲みものに含まれるカフェインの成分や加工具合、その食べ方や飲み方によって、身体が受けいれるカフェインの量やカフェインが代謝されるスピードが変わるのだ。

また、お茶に切り替えるタイミングは、たくさんの仕事を抱えていないタイミングでないといけない。その間は自分をいたわって、ストレスを感じずリラックスできる状態にする必要がある。リラックスにはマッサージがお勧めだ。ほかにも、睡眠を少し多めにとる、ゆっくりお風呂に入る、泳ぐ、といったことをしてもいい。

運動にもリラックス効果がある。といっても、ジムでがむしゃらにトレーニングをするのではなく、散歩やヨガなどでストレスにならない程度に身体を動かすといい。

カフェインに依存しない身体になる

カフェインの代謝によって生じた老廃物を一掃し、体内に残っているコーヒーを早く薄める必要もあるので、水を飲む量も少し増やし、飲むときは上質な海塩を少量入れるように指示した。血液の成分を変えるのは腎臓だ。腎臓は、絶えず塩分と水分を排出しながら成分を変えている。

水分に加えて、食物繊維の摂取量を増やすことも大切だ。便通のためにコーヒーに頼って腸に刺激を与えている人は多い。そういう人がコーヒーを飲まなくなると、一時的に腸の働きは鈍るが、食物繊維と水分を増やすことで働きを改善できる。

サシャには、私という励ます存在がいたことも役に立ったようだ。何かに行き詰まったときは、それをやり遂げようとする責任意識の力を侮ってはいけない。やり遂げられると信じて自分を応援してくれる人の存在は、大きな力となる。

結局、サシャがコーヒーのことをまったく思い浮かべなくなるのに5日かかった。その間はいつもの自分じゃないと感じていたものの、以前にコーヒー断ちをしたときに比べてつらさは10分の1だったという。それに、慣れるまでの辛抱だともわかっていた。

コーヒーの呪縛から解き放たれたサシャは、これほど幸せなことはないと語った。新しく生まれ変わったみたいに、心も身体も思いどおりになるという。確かに、それ以上に幸せなことはほとんどない。

いまのサシャは、外見も感情も行動力も、かつてないほど絶好調だ。コーヒーはいまでもたまに飲むが、もうストレスを感じる関係ではない。よく眠れるようになり、便通もよくなった。生活の質全般が改善したのだ。

コーヒーは決して「悪者」ではない。計画性もなく飲み続けたときに生じるトラブルが問題なのだ。カフェイン入り飲料を、一日1杯ですまさずたくさん飲んでいる人は大勢いる。しかも、カフェインがくれる元気に身体はうんざりしているというのに、知らないうちに習慣になってしまう。短い人では12日で習慣になるという。身体が絶えず大きな悲鳴をあげていても、それに気づかなければどうなる？　もちろん、もっとたくさんコーヒーを飲む。

カフェインは身体に強い影響を与える刺激物であり、元気の源として大事に扱えば、ちゃんとそうなってくれる。ただし、カフェインの恩恵に最大限あずかりたいなら、体内に残留しない頻度で摂取するよう身体を慣らす必要がある。

さて、これでカフェインがどのように身体に影響し、睡眠にどのような悪影響を及ぼすかがわかった。ここからは、カフェインを味方につける方法に話を移そう。

最高の脳と身体をつくる睡眠の技術～カフェイン編～

■コーヒーは午後2時まで

カフェインを身体に入れる「門限」を決めよう。寝るときは、体内からカフェインがほぼなくなった状態でないといけない。お勧めの時間は午後2時。カフェインに敏感な人はもっと早くてもいい。心配なら、カフェインは一切とらないほうが賢明かもしれない。

■午前中のカフェインは身体のリズムを整える

第2章で触れたように、コルチゾールは日中の生体リズムを整えるうえで重要な役割を果たす。コルチゾールは本来、日中にたくさん生成され、夜になるとほとんど生成されないホルモンだ。日中の生成量が下がった、生成サイクルが完全に逆転したという人は、カフェインのとり方に気を配ることで本来のサイクルに戻りやすくなる。

カフェインにはコルチゾールの生成を促す作用があるので、午前中にカフェインをとればコルチゾールの生成を促すことになる。基本的に健康で、カフェインに依存する体質になっていなければ、午前中のカフェインがコルチゾールの生成リズムの強化につながる。

副腎に疾患のある人は、カフェインを摂取しても問題ないか医師に確認が必要だ。

カフェインを含む食品や飲料は、貿易商品として世界で5本の指に入る。それだけ人々に愛されているということだ。処方箋薬と違って手軽に入手できるが、だからといって好きなときに好きなだけココアやコーヒーをガブ飲みしてはいけない。

■カフェイン摂取の最適なリズム

カフェインは、適切に摂取すれば、新陳代謝、注意力、集中力の向上をはじめ、肝機能の改善にも活用が可能だ。そういう意味でも、カフェインに見切りをつけて、潜在するメリットを否定するのはやはりもったいない。サシャの例で説明したように、時間をかけてカフェインをあまり求めなくなる身体にすることはできる。カフェインがもたらす恩恵に最大限あずかるなら、カフェインをとるサイクルを決める必要がある。やり方はいろいろあるが、ここでは三つ紹介しよう。

1. 2日カフェインをとり、3日休む。健康でカフェインに依存していない人なら、3日後にはきれいにカフェインが抜ける。その後改めてカフェインをとると、最初にとったときと同じ効果を実感できるはずだ。

2．2カ月カフェインをとり、1カ月休む。このやり方は、一日にコーヒーか紅茶を1、2杯飲むか、トレーニング前にカフェインのサプリを飲む程度（一日あたりのカフェイン摂取量が200ミリグラム以下）の人に最適だ。この量以上になると、カフェインをやめた最初の数日間は禁断症状が出る恐れがある。

3．必要なときに限定して飲む。こうすれば、「初めて出合ったときの感覚」をつねに味わえる。基本的にカフェインと無縁の生活を送りながら、必要だと感じたときにとりたいだけとるのだ。ここで言う「必要だと感じたとき」は、発表会や大きなプロジェクトなど、自分にとって本当に大切な何かを前にしたときという意味だ。カフェインを許す期間は最大で2日とする。こうすれば、カフェインは一時的な起爆剤となり、その恩恵にあずかりながらもぐっすり眠ることができる。

CHAPTER 5

体深部の温度を下げる

睡眠に最適な室温は15度~20度

とんでもなく暑い夏でも、私の両親は「節約のため」だと言ってエアコンの設定温度を下げなかった。当然、私は大量の汗をかいた。2階にあるベッドで身体をよじらせ(熱気は上へ行く)、暑さに耐えながら何とか寝ようとしたが、ろくに眠れなかった。睡眠に体温が与える影響はとても大きい。

いわゆる「体温調節」は、睡眠のサイクルを大きく左右する。体温は一定していると思っている人は多いが、実際はそうではない。私たちの体温は、一日のうちに2度近く上

一日の体温の変化

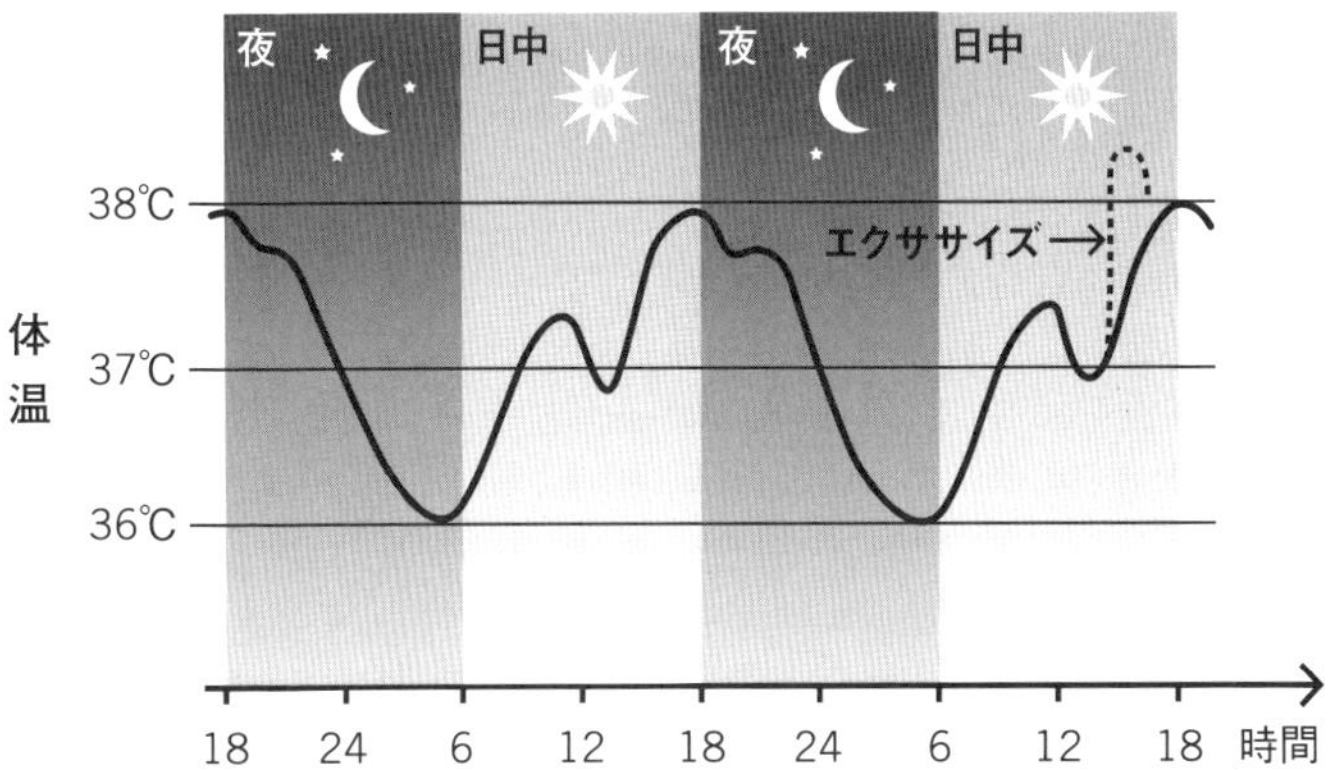

下する。身体を休める時間がくると、眠りにつきやすくするために、自動的に身体の深部の温度が下がる。ただし、部屋の温度が高すぎると、ゆっくりと眠れる理想の状態に身体を整えることが少々難しくなる。

調査によると、睡眠に最適な室温は15・5度〜20度とかなり涼しい。これより高すぎたり低すぎたりすると、睡眠を阻害する可能性がある。

体温が高いと眠れない

この発見からさらに研究が進み、不眠症の人は寝る直前の体温が通常より高くなる傾向にあることが明らかになった。ピッツバーグ大学メディカル・スクールの研究者たちはこの問題に立ち向かうべく、不眠症の人々の体温を下げる方法を探し、その方法が睡眠の質全体に影響するかどうかを確かめることにした。

彼らは、冷たい水が循環する「冷やす帽子」を被験者にかぶせて寝てもらう実験を行った。その結果はかなり意外なものだった。**冷やす帽子をかぶって寝た不眠症の被験者は、不眠症でない被験者以上に寝つきが早くなったのだ。**帽子をかぶった不眠症の被験者が約13分で寝ついたのに対し、睡眠トラブルを抱えていないグループは16分かかった。それだけではない。不眠症グループは、ベッドにいる時間の89パーセント眠ることができた。この数字は睡眠トラブルのないグループとまったく同じだ。

この実験では不眠症グループの75パーセントの睡眠が改善し、体温を下げることで睡眠は改善されると実証された。不眠の治療や処置はさまざまあるが、これほど効果の高いものはほとんどない。とはいえ、改善のためにできることはほかにもいくつかあるので、この章の最後に紹介しよう。

ストレスが体温上昇をもたらす

夜に体温が通常より高くなると、強い覚醒状態となり、身体が体内の温度調節器をリセットしようとしてなかなか寝つけない。

体内の温度調節器とは、そもそもどこにあるのか？　その設定を変えることは現実的に可能なのか？

体内の温度調節器を知るにはまず、ホルモン分泌系の要だと紹介した視床下部のことを思いだしてほしい。視床下部は、神経系（体内と体外の温度を感知する）と内分泌系（睡眠を誘発するホルモンや覚醒を促すホルモンを分泌する）の機能を統合する。細胞をバスケットボールチームとするなら、視床下部はチームのコーチだと思えばいい。

コーチの待遇がよければ（栄養と言う名の報酬をたっぷり与え、コーチとしての務めをしっかりと果たさせ、過剰にストレスを与えなければ）、プレーヤー全員をきちんと管理し、最高の結果を導きだしてくれるだろう。視床下部はまさに、NBAで「ゼン・マスター」の異名をもつ名将フィル・ジャクソンだ。リーグ最多の優勝回数を誇る彼なら、ストレスを利点のように扱い、彼の「手足」たるプレーヤーの力を最大限に発揮させる。

反対に、コーチにろくに栄養も与えず、コーチの務めではないことでこき使い、満足な支援を与えなければ、チーム内で誤解が生じ、あっというまにすべてが崩壊する。だから、脳の働きを健全に保ち、その働きをサポートすることが大切なのだ。

視床下部は、HPA軸と呼ばれる非常に重要な反応系列の一部を担う。HPAは頭から、視床下部、下垂体、副腎系を意味し、通常のホルモンの働きや性機能を制御するほか、体重の管理なども行う。だがここで強調したいのは、ストレスにいちばん反応する系列だという点だ。

先ほど紹介した実験で、被験者となった不眠症を抱える人たちは、そうでない被験者に比べて先のことに対する不安を大きく抱えていることも明らかになった。睡眠に対する不安やストレスも大きく、それが体深部の温度上昇に関係しているらしい。良質な睡眠を求めるなら、室温をクールにするだけでは十分ではない。精神や感情を落ち着かせて自分自身がクールになることも必要だ。HPA軸は、生活のなかで生じるストレス全体に対応する。仕事、人間関係、食事、運動など、あらゆるストレスが対象だ。

脅威を認識した身体がそれに抗おうとすると、ストレスが身体を刺激し、体温の上昇を招くため、期せずして眠りにつきにくくなる。 ストレス社会のいま、ストレス対策は絶対に必要だ。たとえ部屋を氷張りにできたとしても、それだけでは十分な対策とは言えない。ストレス対策については第16章で詳しく紹介するので、この章では寝るときの環境を最適に整えるヒントを紹介しよう。これらを有効に活用すれば、フリースローラインからきれいなシュートを決められる。

最高の脳と身体をつくる睡眠の技術〜温度編〜

■室温を20度前後に保つ

これでちょうどいいと思う人もいる一方で、寒く感じる人もいるかもしれない。でも、ここは私（と科学）を信じてほしい。少し肌寒いくらいのほうが絶対によく眠れる。ただし、やり過ぎは禁物だ。15度が最低ラインだと覚えておくとよい。パジャマを着て布団をかければいいが、体温が高くならないように気をつけてほしい（そもそも、厚地のパジャマや何枚も布団を重ねたベッドを見たら、あなたの恋人やパートナーはきっと興ざめする）。部屋を涼しくしてぐっすり眠ろう。

■寝る2時間前にお風呂に入る

寝つきが悪い人は、ベッドに入る1時間半〜2時間前に温かいお風呂に浸かるとよい。これまでの話と矛盾すると思うかもしれない。確かに、お風呂に浸かれば体深部の体温は上昇するが、しだいに下がっていき、寝る頃にはお風呂に入る前より少し低い体温に落ち着く。幼い子どもを寝かしつけるために、この方法を実践している親は多い。

■ベッドパッドで体温を調節する

体温調節を助けてくれるベッドパッドを使ってもいい。この種の高機能パッドは、いま使っているマットレスにフィットするようにできている。理学療法士でベストセラー作家でもあるケリー・スターレットも、妻より体温を低く保てているのは間違いなくベッドパッドのおかげだと述べている。高機能ベッドパッドを使うようになってから、睡眠が一変したと彼は言う。

また、オランダ神経科学研究所のウース・ファン・ソメレン博士は、涼しい環境で眠ることは総じて大事だが、本人が「この上なく心地よい」と感じる環境であるべきだと述べている。この上なく心地よいかどうかは、本人が判断するしかない。寝室を涼しくすることは絶対に必要だが、ふわふわの布団に包まれたい人もいれば、ブランケットを数枚重ねるだけでいい人、スターレットのように高機能ベッドパッドを使いたい人もいる。

■靴下で体温を調節する

良質な睡眠を得るためには部屋を涼しくするのが理想だが、そのせいで手足が冷えて眠れなくなる人もいる。私たちの身体は、血流を通じて身体全体に熱が送られる。室温を下げて手足が冷たくなる人は、血流が悪いのかもしれない。そういう人はどうすればいいか。

厚手の靴下を履いて寝ればいい。反対に、身体が元々温かい体質で、裸足で寝るほうがいい人もいる。いろいろ試してみて、いちばん心地よいと感じるスタイルを各自で探そう。

CHAPTER 6

午後10時〜午前2時のあいだに眠る

睡眠に最適な時間帯

睡眠に適した時間に眠りにつくと、睡眠がもたらすメリットは文字どおり何倍にも膨らむ。高名な神経科医のクリート・チャウダリーも次のように言っている。「いつ寝るかは、株式市場でいつ投資するかと同じ。どのくらい投資するかは問題ではない。いつするかが大事なのだ」

ホルモンの分泌や疲労の回復は、午後10時から午前2時のあいだに睡眠をとることによって最大限に高まると言われている。この時間帯が、いわば睡眠にとっての「投資タイム」だ。

要するに、投資タイムにいちばん身体が回復し、それ以外の時間の睡眠で得られる効果は嬉しいおまけのようなものなのだ。あまり意識されなくなったようだが、私たち人間も自然界の一部だ。地上から光が消えるというのは、私たちも灯りを消せという宇宙からの合図なのだ。

しかし、いまや自然に従わずとも、家のなかをラスベガスのネオンサインのように明るくできる時代だ。午前2時までノートパソコンと戯れることができて、それにためらうことすらない。

そういう生活環境が当たり前になれば、本当は不自然だという意識をもつことは難しくなる。

人間の身体は本来、暗くなってから数時間のうちに眠るようにできている。生まれもった原理を無視するようになってしまったなら、元に戻すために何かしたほうがいい。

ホルモン分泌を最大にする

自然光についてとりあげた第2章で、最良の睡眠には本来のリズムでホルモンが生成されることが不可欠だと述べた。ホルモンが本来分泌されるべき時間に眠るようにすれば、睡眠から得られるメリットは格段に大きくなる。

午前1時に寝て午前9時に起きれば、8時間の睡眠はとれる。だが、この時間帯では、ホルモンの分泌にもっとも有利な投資タイムをほとんど逃すことになる。メラトニンも、HGH（ヒト成長ホルモン）も、投資タイムに寝ているときに分泌量が最大になる。いつまでも若々しくいたいなら、若さを保つホルモンとも言われるHGHの分泌量が最大になるのは、投資タイムに眠っているときだと覚えておいてほしい。

なかには、8時間以上寝てもそれほど寝たように感じられない人もいる。チャウダリー医師は、**「午後10時から午前2時という、身体の再生が行われるときの睡眠が慢性的に不足していると、朝目覚めても疲れが残っていると感じることがある」**と述べている。やはり、ホルモンの生成は大切なのだ。それを促す投資タイムを逃すことは、あまり賢い投資とは言えない。

「午後10時の元気」に頼ると不眠になる

午後10時頃になると、体内のリズムに変化が起こり、メラトニンの生成量が自然と増える。これは、身体の修復、強化、再生に使う代謝エネルギーを増やすための変化だ。その時間に抗酸化作用のあるホルモンの生成が増えれば、DNAを損傷から守ることや、脳の機能を高めることなどにもつながる。普段からこの時間に眠っている人は、何も心配はいらない。しかし、**午後10時でまだ起きていると、代謝エネルギーの増加によって「元気が回復した」ように感じることがある。**

こんな経験はないだろうか?　仕事を終えた午後6時か7時はクタクタで、ベッドに入ってぐっすり眠るのが待ち遠しい。ところが10時頃になると、ぱっちりと目が冴えて何かしたくなる……。この本を読んでいるいままさに、「元気の復活」を実感しているのではないか。きついトレーニングを経験したことのある人なら、疲れてもしばらくトレーニングに耐えるうちに、元気が復活して続けられるようになると知っている。

そのエネルギーは本来、体内で必要なメンテナンスに使われるものだ。それなのに、フェイスブックをチェックしたり、ネットフリックスでお気に入りのドラマを3話観たりすることに使ってしまう。

私たちの身体には、自らを修復し、フリーラジカル（有害な活性酸素）を排除し、ホルモンの生成を最大限に高める機能が備わっている。しかし、夜更かしをして身体の外で「復活した元気」を使おうとすれば、体内の機能は大きく損なわれる。午後10時または11

時を過ぎても起きていて、復活した元気に手をつける人は、いざ寝ようとしてもなかなか寝つけない。そうなれば、朝目覚めても疲れがとれずに頭がぼんやりすることになる。しかもこれは、夜更かしを習慣にする代償のごく一部でしかない。

深夜労働はガンを招く

本来のホルモン生成サイクルを邪魔するようなライフスタイルを続けていけば、やがて大きなトラブルに見舞われかねない。実際、国際がん研究機関による発ガン分類で、夜間シフトがグループ2Aに分類されている。わかりやすく言うと、**遅くまで起きている日々を繰り返し、深夜に働くことは、鉛による汚染や紫外線Aを浴びることと同等の発ガン性要因だというのだ**。そんなバカな、と思うかもしれないが、それを事実だと裏づける科学的なデータは山ほどある。

先にも述べたが、抗酸化作用のあるメラトニンには睡眠の質を左右する力があり、身体全体にとって重要なホルモンだ。それだけではない。体内で生成されるホルモンのなかで、抗ガン作用がいちばん強い可能性まで出てきた。

有害物質を一掃して細胞や組織の損傷を防ぐだけではない。ガンという病から、独自のやり方で守ってもくれるのだ。

米国実験生物学会連合会が発行する学術誌『FASEBジャーナル』で、メラトニンに非常に強力な抗エストロゲン作用があると実証する研究が発表された。乳ガンの治療薬の多くには、合成化合物の抗エストロゲン物質が実際に使用されている。ガン細胞の増殖を抑える働きがあるからだ。エストロゲンの抑制にいちばん効果的な物質は、実は私たちの体内で毎晩つくられているのだ。ただし、身体が必要とする睡眠をとっていればの話だが。

乳ガンは、エストロゲンの過剰な分泌と深く関係していると言われる。エストロゲンは男女を問わず生成されるホルモンだ。過剰に分泌されたり、正常に機能しなくなったりすると、性別に関係なく健康に深刻な問題が生じることがある。女性の場合は、乳ガン、子宮ガン、子宮筋腫を発症する恐れがある。男性の場合は、第二次性徴の停滞（発育不全、体毛が増えない、声質が高いままなど）や乳房の女性化、そしてやはり乳ガンを発症する恐れがある。

学術誌『インターナショナル・ジャーナル・オブ・キャンサー』には、夜間シフトで働いていた女性のほうが、そうでない女性に比べて乳ガンの発症率が30パーセント高かったという研究が掲載された。また、夜間シフト経験のある看護師を対象にした別の調査では、夜間シフトに入っていた年数が長いほど、ガンを発症する確率が増大した。

シフト勤務と傷病率の関係

夜間シフトと密接に関係する病気はガンだけではない。職業病医学や環境衛生の問題を扱う学術誌『ＯＥＭ』では、夜間シフト労働者（とくに男性）の糖尿病を患う確率が飛躍的に高いという調査結果が報告された。20万人以上を対象にその調査を実施した研究チームは、シフト勤務労働者が糖尿病を発症する率が高いことから、その勤務スタイルがインスリンに悪影響を及ぼすと見ている。本書の冒頭で、**一晩寝不足になるだけで、２型糖尿病患者のようにインスリンが正常に機能しなくなる恐れがある**と述べたが、寝不足どころか一睡もしなかったらどうなるか。糖尿病の気配を感じるだけではすまなくなるだろう。

ここにあげたのは、夜間シフトが原因となりうる病気のごく一部にすぎない。どうか、この現実をしっかりと受けとめてもらいたい。それでは、夜間シフトで生じる事故や怪我についてはどうか？

ブリティッシュ・コロンビア大学の研究チームの発表では、夜間シフトで勤務中に怪我をするリスクは２倍近くになるという。この調査は、シフト勤務で働いた３万人以上の労働者のデータを10年分集めて実施された。10年で職場の安全性の改善が進み、昼シフトの労働者が怪我をする確率は総じて下がったが、夜シフトでの確率は下がらなかった。

怪我や事故の確率も、死亡する確率も、夜間に働いている人のほうが一貫して高い。目的が仕事であっても娯楽であっても、遅くまで起きている限り、先行きは真っ暗なのだ。

不眠症はメタボを引き起こす

私はシフト勤務という働き方に強い関心をもっている。というのは、私たちの生活のなかで非常に重要な役割を果たしている人々が関係するからだ。私たちの安全を守り、国の秩序を守るため、医師、看護師、警察官、消防士をはじめとする多くの人がシフト勤務で働いている。

彼らの仕事はなくてはならないものだ。とはいえ、代償は大きい。看護師の乳ガン発症率が高いことは先に述べたが、実は、大腸ガン、肥満、心疾患になる確率も高い。同じことは医師にもあてはまる。医師の平均寿命がそうでない人に比べて10年短い地域もあるほどだ。

労働環境の衛生と安全に関する専門誌『ワークプレイス・ヘルス・アンド・セーフ

ティ』に、警察官を対象とした調査報告が発表された。それによると、夜勤をする警察官が慢性的な不眠症になる確率はそうでない人の14倍だという。**不眠症は、メタボリック症候群になるリスクを高める**と言われている。メタボリック症候群になると、体脂肪や中性脂肪の増加、血圧や血糖値の上昇など、さまざまな症状が身体に現れる。同様の健康被害は、消防士をはじめとする夜勤を伴う職業の人にも見られる。

私たちの健康は、いまあげたような人たちの手で守られている。それなのに、彼らの働きに報いる仕組みは整っていない。睡眠の大切さを広めることはその第一歩だが、シフト勤務のヒーローたちが病気にかかるリスクを減らし、健康で長生きできるようになるためには、積極的な対策を打ちだすことが必要なのではないか。

睡眠不足のダメージは蓄積されていく

夜更かしして失った睡眠を埋め合わせることは、論理的に可能なのか？　睡眠の研究者たちは、不足した睡眠がたまっていくことを「睡眠負債」と呼ぶ。この「たまっていく」という言葉に注目してもらいたい。睡眠不足の影響は、あっというまにたまっていく。一晩の寝不足程度の負債なら、ぐっすり眠り、しっかり栄養をとり、適度に運動すれば、身体がうまく帳尻をあわせてくれる。

しかし、睡眠不足がそれ以上になると、たとえ二晩続いただけでも、体内のホルモンたちが払えるあてのない負債を取り立てにやってくる。やみくもに負債を積み重ねていけば、いつのまにか命を落とすことになりかねない！

ニューヨーク大学医学部の非常勤准教授で、同大学の睡眠障害センターにかかわるジョイス・ヴァルスレーベンは、失った睡眠を週末に取り戻そうとしても遅すぎると主張する。「その時点ですでにイライラしていますし、事故につながりかねないほど反応が遅れることもあります。それに、週末に朝寝坊すれば、睡眠のリズムが崩れて日曜の晩の寝つきが悪くなり、週明けからマイナスの状態でスタートすることになります」

ヴァルスレーベンは、**曜日に関係なく睡眠のリズムを一定に保つことこそがメリット**だと語る。タイムマシンでもない限り、過去に遡って睡眠を犠牲にするという過ちを正すことはできない。

投資タイムを使って何ができるかではなく、その時間に眠ることで何が得られるかを考えてみてほしい。遅くまで起きてしていることの大半は、優先順位を考えてしっかりとした計画を立てれば日中にできることばかりだ。一日が24時間なのは誰にとっても同じ。それをどう使うかによって、すべてが変わる。

投資タイムでの睡眠時間を増やせば、健康面のメリットを得られるうえ、自分の時間を奪おうとするさまざまな問題から自分を守ることにもなる。ここからは、身体が渇望している投資タイムの睡眠をとるためにできる具体策を紹介しよう。

最高の脳と身体をつくる睡眠の技術～就寝時間編～

■午後9時～11時に寝る

ベッドに入る最適な時間は、絶対に午後10時というわけではない。サマータイム、赤道からの距離、一年のどの時季かといったことで多少は変わる。ベッドに入る正確な時間で神経質になりすぎるのは、少々バカげていると言える。最良の睡眠を得るには、外が暗くなってから数時間のうちにベッドに入ることを目指せばいい。

ほとんどの人にとっては、一年を通じて午後9時～午後11時が就寝時間となる。それを守れば、ホルモンバランスは確実に安定する。人間は、冬になると自然と睡眠時間が増えるものなので、それに伴って寝る時間も少し早くなるだろう。反対に、夏のあいだは日が長いので、その恩恵にあずかって少々寝る時間を後ろにずらしてもいい。私たちが寝る時間は、いつでも自然がはっきりと示してくれる。だから、自然に注意を払うことさえ忘れなければいい。

■朝起きたらすぐ日光を浴びる

睡眠サイクルをリセットしたい、疲れを実感している状態で最適な就寝時間にベッドに入りたいという人は、朝起きたらすぐに日光を浴びる習慣をつけよう。そうすれば、コルチゾールが増えて体内の機能が完全に覚醒する。するべきことは、あなたの身体がちゃんとわかっている。良質な睡眠につながる環境を整えて、この本で紹介する対策を実践していれば、本来の睡眠サイクルを自然に取り戻せる。

■深夜労働を避ける

健康をいちばんに考えるなら、夜間シフトで働いてはいけない。仕事をいちばんに考え、仕事の一環としてシフト勤務が伴うなら、この本で紹介している対策をフルに活用し、身体が自然な状態になるための努力を惜しまないでほしい。深夜労働はできれば避けたいと思いながらも勤めている人の多くは、それが自分の仕事でありほかに選択肢はないと自らに言い聞かせている。でも、ほかの選択肢は必ずある。「無理だ」と口にしたとたん、たくさんの可能性の扉が閉まってしまう。チャンスは自分が思う以上に身近にあるものだ。

日中に働ける別の仕事を見つけないと愛する人の命にかかわるとなれば、どうにかして見つけるだろう。どんなときでも、別の道は必ず見つかる。人は、痛みを強く感じるほど追い詰められない限り、現状に甘んじようとする。悲しいことに、痛みを強く感じてもなお、健康や幸せを失い続けている人がほとんどだ（あなたはそうでないことを祈る！）。なぜそうなるのか。いちばん大切なことを見失っているからだ。私たちには、自分がそうしたいと望んだときに創造性を発揮する力、懸命に働く力、才能を活かす力がある。そうした力を発揮できるかどうかを決めるのは、本人の決断だ。決して状況ではない。このことに気がつけば、すべてがよいほうへと変わる。健康と幸せのために日中に働くと決断し、そのために行動を起こして現実にしてほしい。

■ **睡眠サイクルを頻繁に変えない**

これは、シフト勤務を導入している組織で働く人たちに参考にしてほしい。医師や消防士のように深夜勤務が必須の人は、深夜勤務を一定期間続けたら、それより長い期間を日中勤務にあてるようにしてはどうだろう。週に2、3日夜勤をしたら、残りは日中勤務に戻すのだ。看護師を対象にした調査によると、一週間の睡眠サイクルが頻繁に変わる働き方を長く続けると、夜勤を何年も続けるのと同等の健康被害を受けるという。

できれば一週間ではなく一年という長いスパンのほうがいい。夜勤を2カ月続け、残りの10カ月を日中勤務にするのだ。そうすれば、10カ月のあいだに体内時計が自然のリズムに戻る。これでもまだ決して理想的な働き方とは言えないが、自然に即したリズムでの生活を続けていれば、身体は自分でも驚くほど自然な状態に戻る。この新たなシフト体制に加え、この本で紹介するさまざまな対策をとりいれれば、私たちの命と安全を守ってくれている人々の健康状態は、きっと改善するはずだ。

■90分単位で睡眠時間を確保する

夜眠っているとき、睡眠は決まったパターンを繰り返す。身体を回復させる深い睡眠(深いノンレム睡眠)、深い睡眠より浅い睡眠(ノンレム睡眠)、夢を見るくらい浅い睡眠(レム睡眠)を行ったり来たりする。レム睡眠、ノンレム睡眠、深いノンレム睡眠で、一つの睡眠サイクルが形づくられているのだ。

睡眠サイクルは通常90分周期で、それを一晩に4〜6回繰り返す。つまり、90分のサイクルを6回繰り返せば、9時間の睡眠になるというわけだ。

いくらぐっすり寝ても、睡眠サイクルの途中でアラームが鳴ると、起きるのがつらいと

人間の睡眠サイクル

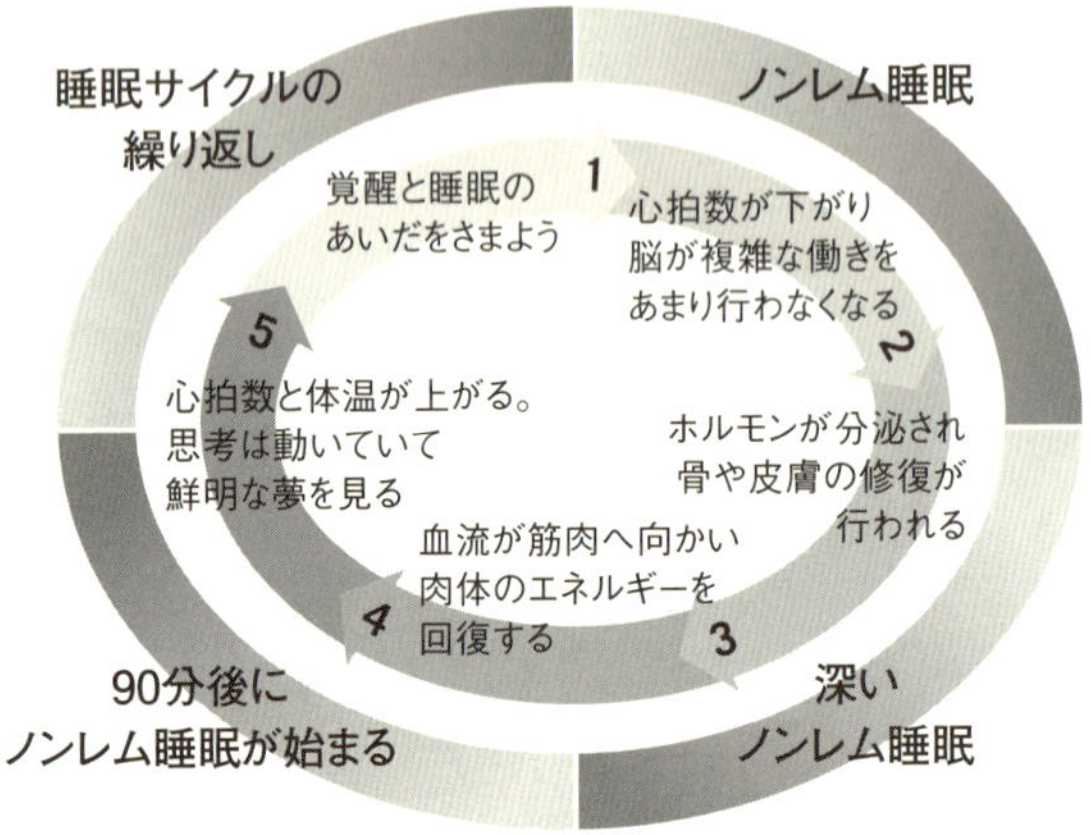

感じることがある。すっきりとした気分で朝を迎えてやる気をみなぎらせたいなら、睡眠時間ではなく睡眠サイクルを考慮してアラームの時間をセットするとよい。たとえば午後10時に寝る人なら、午前5時30分にアラームをセットする（睡眠時間は7時間半）。そのほうが、午前6時にセットするよりも目覚めがすっきりするし、中途半端に次の周期に入ることもない。

7時間半では物足りないという人は、睡眠サイクルを1回増やしてもよい。午後10時に寝て午前7時にアラームをセットすれば、6回の睡眠サイクルを自分のものにできる。では、睡眠時間をどうしても削らざるをえない場合はどうすればいいか。睡眠サイクルの最低回数である4回を目指し、6時間の睡眠を確保すればいい。仮に午前1時まで起きていないといけないなら（そういうときはどうしてもある）、アラームをセットをするのは午前7時にする。7時30分でも、8時でもいけない。そのほうが、すっきりと目覚める確率が高い。睡眠サイクルを上手に活用すれば、それだけの効果が身体に現れる。

CHAPTER 7

腸内環境を整える

腸は「第二の脳」

睡眠の質には食べたものも大きく影響する。

食べものを単なる食べものだと思ってはいけない。食べものは情報だ。何かを食べれば自動的に体内で処理され、食べたものがどういう種類のもので、どんな栄養素が含まれている（いない）かによって、身体、健康、睡眠の状態が決まる。

それだけではない。良質な睡眠がとれるかどうかは、お腹のなかの環境に左右される。

この章で学ぶことは、あなたの人生を一変させる可能性があると思ってもらいたい。

第2章で、セロトニンの95パーセントが消化管に存在すると説明した。セロトニンは、腸粘膜にある腸クロム親和性細胞によって生成される。生成されたセロトニンが体内に分泌されると、腸の運動が活発になる。文字どおり、消化の働き全般を助けているのだ。

セロトニンが睡眠に深くかかわっているのは、快眠ホルモンであるメラトニンの原料であることからも明らかだ。とはいえ、消化の働きを助けるという意味でも、セロトニンが脳や睡眠に与える影響は私たちが想像する以上に強力だ。

近年の研究により、人間の腸は神経組織の塊で、脳内と同じ神経伝達物質が30種類存在することが明らかになった。食べたサンドイッチを体外に出す手伝いをする以外にも、実にさまざまな働きを担っているという。

脳のように大量の神経組織があることが明らかになり、腸は「第二の脳」の称号を手に入れた。正式名称は「腸神経系」であるこの第二の脳には、約1億個の神経物質が存在する。この数は、脊髄はもちろん末梢神経系に比べても多い。私たちのお腹は、微積分を易々と解ける知性がありながら、それ以外のたくさんのことに専念しているというわけだ。

しかし、**何といっても注目すべきは、腸には脳の松果腺の400倍以上のメラトニンが存在するという事実だ。**調査によると、松果腺を手術で切除した後ですら、腸には切除前と同レベルのメラトニンが存在したという。腸内の組織（とりわけ腸内分泌細胞）は、メラトニンを生成する能力にそれほど秀でているのだ。このメラトニンという快眠を約束してくれるホルモンは、調子がよければお腹のなかに適切な量が生成される。要するに、腸が健康でちゃんと機能することが、睡眠の質に大きく影響するというわけだ。

睡眠不足は腸内フローラの代謝異常を招く

腸の働きのとりまとめ役という重責は、迷走神経が担う。迷走神経は、腸に限らず心臓や肺といった臓器と脳を直接つなぐ。そして、ＵＣＬＡ（カリフォルニア大学ロサンゼルス校）の研究者により、迷走神経を通じて運ばれる食物繊維の情報は、約90パーセントが腸から脳へ渡り、その反対はないという意外な事実が明らかになった。腸内環境と腸の健康は、脳の機能を支配するという重要な役割を果たしているのだ。腸で起きたことは必ず脳まで伝わる。残念ながら、旅ならぬ「腸の恥はかき捨て」とはいかない。

ＵＣＬＡの研究では、腸内に何兆個と存在する細菌が第二の脳である腸神経系と絶えず情報をやりとりしていることも明らかにされている。また、カリフォルニア工科大学の研究者は、セロトニンの生成に重要な役割を果たす細菌が腸内に存在すると発表した。

私たちの体内には細胞の10倍の数の細菌が生息していて、そのほとんどが腸に住みついている。だからといって怖がることはない。細菌とはそういうものだ。人間は細菌と共生できるように進化を遂げてきた。正常なバランスが保たれていれば、免疫系や消化器系の管理をはじめ、睡眠の正常化も助けてくれる。

細菌でも「善玉菌」と呼ばれるものは、健康の維持に大きく貢献してくれる。一方、「日和見菌」と呼ばれるものは、場合によっては身体にさまざまなダメージを与える。とはいえ、日和見菌にも体内で果たす役割はある。映画『アベンジャーズ』に出てくるハルクのようだと思えばいい。ハルクは決していい人ではないが、チームの勝利に協力した。そうは言っても、ハルクのような人ばかりになったら、あっというまに世界は破滅するだろう。

大切なのは、善玉菌に対する日和見菌の比率だ。身体の舵を任せるなら、信用できるやつがいい。悪いやつにのっとられれば、ファストフードのドライブスルーにばかり連れて行かれ、夜になれば暴れて眠らせてもらえない。

腸内細菌はお花畑のように群れていることから、腸内フローラとも呼ばれる。睡眠のリズムが不規則になると、腸内フローラに何が起こるのか。学術誌『セル』に掲載されていた研究によると、人間の体内時計は細菌のバランスに影響を受けるという。日常生活で普通に起こりうる時差ボケなどの出来事を経験するだけで、腸内毒素症が生じ、代謝異常を招くのだ。

その研究チームは、10時間のフライトによって時差ボケが生じる前、フライト中、フライト後で被験者の便を採取して分析した。すると、肥満や糖尿病の人に多く見られる種類の細菌の数が、時差ボケ後に増加していた。そして、被験者の睡眠のリズムが通常に戻ったとたん、その細菌の数は正常値まで下がったという。

また、腸内細菌に独自の体内時計があり、毎晩決まった時間に「衛兵交代式」を行うことで、腸の管理を信用できるやつに引き継ごうとしていることも明らかになった。だから、**徹夜したり、寝不足になったりすれば、日和見菌に腸を（ひいては脳も）のっとられる機会を生むことになるのだ。**

睡眠不足は、食べものを選ぶときの判断力の低下や過食を招くことも実証されている（これについては第13章で詳述する）。どちらも日和見菌に主導権を握らせる行為だ。日和見菌だって、生きるのに必死なのだ。

加工食品はNG

善玉菌と日和見菌は、腸内フローラとして共存している。セロトニンの生成やメラトニンの分泌、ホルモンの働き全体を正常に保ちたいなら、腸内フローラのバランスが崩れて悪いやつにのっとられることを避ける必要がある。

臨床実験を通じて、腸内フローラのバランスを壊す、または腸内に混乱を招くとわかっている物質や食品があるので、いくつか紹介しよう。

・農薬（殺虫剤、防カビ剤、殺鼠剤）：「殺す」という文字から明らかだ！
・加工食品：過剰な糖分は病原菌の餌になる
・抗生物質の常用もしくは乱用：ほとんどの抗生物質は、善玉、日和見に関係なくすべての細菌を始末してしまう！
・食品添加物や保存料：食べものに含まれる筋合いのないものが多い
・塩素処理飲料水：塩素は抗生物質の一種だ。消毒には素晴らしい効果を発揮するが、少量でも腸に入ると、細菌が次々にダメになる。水道水に塩素処理を行っている地域に住

んでいるなら、塩素を取り除くフィルターをつけるとよい

これらは腸内毒素症の主な原因の一つとされているが、懸念すべきことはほかにもある。私たちが普通だと受けいれていることの多くは、ちっとも普通ではない。普通だという思い込みを捨てて、「人間が作りだした加工食品を食べれば、脳と身体のつながりにダメージを与え、健康全体を損なう」という認識に改める必要がある。

私のポッドキャスト番組にベストセラー作家としても知られるサラ・ゴットフリード医師をゲストに招いたとき、ダイエット炭酸飲料は腸内フローラを荒らす飲みものだと説明してくれた。炭酸飲料は加工度が高く、それ自体身体によくないと述べたうえで、彼女は次のように続けた。「ダイエット炭酸飲料は、普通の炭酸飲料以上に悪影響を及ぼすと言っていいでしょう。腸内フローラや代謝機能にも影響しますから。ダイエット炭酸飲料には代謝機能を破壊する力があるのです」。「ダイエット」や「カロリーオフ」という言葉がついているからといって身体にいいとは限らないという認識は、かなり広まりつつある。本当の意味で健康の維持につながる情報は、まだまだ一般常識として定着していないが、販売促進のためのキャッチフレーズに騙されなくなったことは大きな勝利だ。

睡眠や健康のためになるものの効果をしっかりと発揮させるためには、そういうものを

とりいれるだけでなく、ためにならないものを避けることも大切なのだ。それではここから、身体（と腸内細菌）が喜ぶ食べものや栄養素を見ていくとしよう。そういうものを摂取すれば、睡眠の質を最大限に高めるのに一役買ってくれる。

快眠をもたらす最強の栄養素

身体を健康に保って良質な睡眠を得るためには、どんな栄養をとる必要があるのか。栄養の摂取は、食べものからとることをいちばんに考えてほしい。もちろん、身体に問題が生じて特定の栄養素を補う必要があるときは、計画的にサプリを飲んでもかまわない（サプリの摂取についてはこの章の後半と第17章で詳述する）。

なぜ、食べものから栄養をとることをいちばんに考えないといけないのか？　それは、進化の過程を通じて、私たちの身体が食べものから抽出できる栄養素を「認識」するようになったからだ。容器に「ビタミンC」と書いてあるからといって、身体がその錠剤からビタミンCを素直に吸収する保証はない。身体の細胞（そして腸内にいる細菌）は、どこかの会社の研究所で製造された錠剤よりも、私たちの先祖が食べてきた本物の食べもののほうと相性がよい。

良質な睡眠をもたらしてくれる栄養素と、それが含まれる食べものを紹介するので、これらを定期的に食べる習慣をつけよう。

■ナッツ、牛肉、鶏肉でセレニウム（セレン）をとり、免疫力を高める

セレニウムが不足すると、睡眠に問題が生じることがある。また、免疫機能と甲状腺機能にとっても、セレニウムはなくてはならない存在だ。といっても大量に摂取する必要はなく、少しとれば十分だと覚えておくとよい。セレニウムをとるなら、ブラジルナッツ、ヒマワリの種、牛肉、牡蠣、鶏肉、ブラウンマッシュルームがお勧めだ。

■葉野菜（ビタミンC）で浅い眠りとおさらば

ＰＬＯＳ（論文の無料アクセス化を推進するプロジェクト）に発表された研究によると、ビタミンCの血中レベルが低い人は、よく眠れず夜中に目が覚めやすいという。ビタミンCは、「スーパーフード」と呼ばれるカムカム、アムラ、アセロラなどに多く含まれるほか、ピーマン、葉野菜、キウイ、イチゴ、柑橘類、パパイヤといった日常的な食品にも含まれている。

■ターキー、鶏肉、タマゴでトリプトファンをとる

トリプトファンはセロトニンが生成される前の段階の物質だ。含まれる食品には、ターキー、鶏肉、タマゴ、サツマイモ、チアシード、アーモンド、ヨーグルト、葉野菜などがある。

■眠りを深くするカリウム（ポタシウム）を葉野菜、ブロッコリー、アボカドでとる

アメリカ睡眠医学会が刊行する『スリープ』誌に、眠りが浅いという問題にはカリウムが効果的だという研究が発表された。カリウムを含む食品と言えばバナナが有名だが、バナナよりも優れた食品はたくさんある。とくに糖分の過剰摂取を避けたいなら、葉野菜、芋類、ダルス（ミネラル豊富な海藻）、ブロッコリー、ブラウンマッシュルーム、アボカドがお勧めだ。ワカモレが大好物の人には朗報だろう。

■レム睡眠の乱れはカルシウム不足から

医療雑誌『ヨーロピアン・ニューロロジー』に、レム睡眠の乱れはカルシウム不足が関係しているという研究結果が掲載されていた。体内に吸収されやすいカルシウムは、ケール、コラードグリーン、マスタードグリーン、イワシ、海藻、ゴマなどに多く含まれる。

■日中の眠気対策にビタミンDをメカジキ、サケ、マグロからとる

学術誌『クリニカル・スリープ・メディスン』によると、日中に極端に強い眠気を感じることとビタミンD不足に強い相関関係があるという。ビタミンDは、メカジキ、サケ、マグロ、サバ、シイタケ、牡蠣などに含まれる。ただし、体内のビタミンDを増やす最善策は、日光を積極的に浴びることだと覚えておいてほしい。

日光を浴びることの効能を復習したい人は、第2章に戻って確認するとよい。住む地域や時季によっては、日光を十分に浴びられるとは限らない。そういうときはサプリの出番かもしれない。ビタミンDにはビタミンD2とビタミンD3があり、私たちに必要なのはビタミンD3のほうだ。ビタミンD3を摂取できる、確かな品質のサプリを賢く服用すればいい。

■快眠をもたらすオメガ3脂肪酸はクルミ、サケから

オックスフォード大学で実施された調査によると、オメガ3脂肪酸にはぐっすりと深く眠れる効果が見受けられるという。オメガ3脂肪酸は、チアシード、カボチャの種、ヘンプシード（麻の実）、クルミ、オヒョウ、サケ、亜麻仁に多く含まれる。オメガ3脂肪酸は熱に弱いので、加熱すると成分が損なわれる恐れがある。よって、熱を加えず加工する

亜麻仁オイル、魚油（フィッシュオイル）、オキアミ油（クリルオイル）がお勧めだ。信頼できるブランドのものを入手するといい。

■メラトニンの生成をパイナップル、トマト、バナナで高める

少量のメラトニンを含む食品や、メラトニンの生成を高める食品がいくつかある。メラトニンの含有量はタートチェリーが断トツだが、クルミ、ショウガ、アスパラガスにも少し含まれる。メラトニンの生成量を高める食品としては、パイナップル、トマト、バナナ、オレンジなどがある（ある実験ではパイナップルの効果がいちばん高かった）。

■ストレスを緩和するビタミンB6をカシューナッツ、ピーナツバターでとる

ビタミンＢ６はストレス反応を緩和し、神経系をリラックスさせる。バナナ、ヨーグルト（糖分を含まないオーガニックのもの！）、カシューナッツ、ピーナツバター、アーモンド、アボカド、魚、トマト、ホウレンソウ、サツマイモ、海藻、タマゴがお勧めだ。

■キムチ、ピクルスで腸内フローラを整える

腸内フローラのバランスを改善する微生物のことをプロバイオティクスと呼ぶ。近年で

はサプリとしての人気も高いが、腸内フローラを整えて消化を助けてくれる食べものはたくさんある。人類が長年にわたって食べてきた、発酵食品や発酵飲料がそうだ。代表的なものに、ザワークラウト、キムチ、ピクルス（ピクルスにできない食べものはほぼない！）、味噌、ヨーグルト（乳成分の有無は問わない）、ケフィア（乳成分の有無は問わない）、紅茶キノコなどがある。

誤解しないでもらいたいのだが、ヨーグルト製品をやみくもに食べたり、プロバイオティクスのサプリを常用すべきだと言っているのではない。サプリや食品に含まれる細菌の菌株は菌によって大きく異なるし、腸や消化の働きに必要な菌も人それぞれ違う。

■ニンニク、タマネギで善玉菌の成長を促す

日和見菌ではなく善玉菌の成長を促すには、プレバイオティクスが含まれる食品を賢くとりいれるとよい。プレバイオティクスは、体内にいるプロバイオティクスの成長や活動を助けようとする物質のことだ。お腹や身体にいいと実証されている食品に、エルサレムアーティチョーク（キクイモ）、ニンニク（生）、タマネギ（生でも加熱してもよい）、タンポポの葉、アスパラガスなどがある。

身体にとって大事な食品や栄養素は、ほかにもたくさんある。食べものから栄養をとると、ここにあげた以外の栄養素も美味しく吸収できる。実に素晴らしいことだ。

合成添加物が腸に悪影響を及ぼすとわかっているのだから、食べものは当然ながら、オーガニックの食材や最低限の加工しか施されていないものが理想だ。ここで紹介した栄養素がどれも貴重なのは言うまでもないが、実は、もう一つ紹介しておきたい栄養素がある。

マグネシウムはつねに不足しがち

マグネシウムは抗ストレス作用のあるミネラルだと言われている。血糖値を整え、血流と血圧を最適な状態に保ち、筋肉の緊張をほぐし、身体の痛みを和らげ、神経の高ぶりを鎮めてくれる。しかし、これだけたくさんの機能があるせいで、マグネシウムは体内で不足しがちだ。

どうやら、マグネシウムはいまの私たちにもっとも足りていないミネラルのようだ。アメリカ人でマグネシウムが不足している人は80パーセントにものぼるという。専門家のなかには、その数字は控えめすぎると見る人もいる。おそらく、読者の多くはマグネシウム不足だろう。マグネシウムを増やせば、身体が抱えるストレスはたちまち軽くなり、睡眠の質も改善する。

睡眠の質を高めることに加えて、健康と長生きのためにもマグネシウムは不可欠だ。集中治療に特化した学術誌『ジャーナル・オブ・インテンシブ・ケア・メディスン』によると、マグネシウムが不足していると死期が早まる確率が2倍になるという。考え方は人それぞれだが、私は自分の時間が短くなるのはゴメンだ。健康で長生きするためには、マグネシウムがつねに足りている状態にすることがカギとなる。

マグネシウムについて、機能性医療（人体の機能にもとづく医療）に詳しいマーク・ハイマンと話をした。彼は、クリーヴランド・クリニックに機能性医療を専門とするセンターを立ちあげた人物だ。「マグネシウムは人体に不可欠なミネラルです。300以上の酵素反応に関係しますし、骨、筋肉、脳を中心に体内のあらゆる組織に存在します。細胞がエネルギーを生みだすうえでも、ほかの物質の機能を促し、膜組織を安定させ、筋肉の緊張をほぐすためにも、マグネシウムは欠かせません」と彼は言う。

マグネシウムが体内にどの程度あるかで、深刻な問題が生じることもあれば、大きなメリットがもたらされることもある。だから、決して軽んじてはいけない。

マグネシウムが体内にさまざまな影響を及ぼすことはすでに実証されているが、それに加えて、マグネシウムが不足すると慢性的な不眠症に陥るという調査報告もある。これは貴重な情報だ。ということは、マグネシウムを身体に増やすだけで、睡眠の質をすぐに改善できるのだ。

■マグネシウムは補給の仕方に注意が必要

ストレスの多い社会で暮らしているうえに、マグネシウムの体内での使われ方を思うと、食べものだけではマグネシウム不足は補えそうにない。サプリでとるのも決して最善とは言えない。マグネシウムの大部分は、消化の過程で失われるという。だから、サプリで補おうとすれば、大量のサプリを飲むことになる。

しかし、価格の安いマグネシウムのサプリをとりすぎると、ウサイン・ボルト以上の速さでトイレに駆け込むことになる。マグネシウムには腸に送る水分を増やす効果があるため、思いがけなくトイレに行きたくなるのだ。要は、パンツを汚すハメになるかもしれないということだ。

マグネシウムは品質がすべてだ。質の高いサプリを少量とり、マグネシウムが豊富な食べものを食事にとりいれれば、効果は期待できる。とはいえ、**体内のマグネシウムレベルを安全かつ効率的に高めるには、皮膚に塗るのがいちばんだ。**

私たちの身体は、経皮的に（皮膚を通じて）マグネシウムを吸収できる。この事実は何百年も前から明らかになっている。「湯船にエプソムソルトを入れると、痛みが緩和されてストレスが減少し、ぐっすり眠れるようになる」と聞いたことはないだろうか？　エプソムソルトは、硫酸マグネシウムと呼ばれるマグネシウムの一種だ。

いまは、皮膚から吸収しやすい形態のマグネシウムがいろいろある。マグネシウムの入浴剤や一般的なマグネシウムオイルの吸収率はせいぜい20パーセントだが、私が実際に使い、クライアントにも推奨している「イーズ・マグネシウム」というスプレーは、マグネシウムの吸収率も純度も100パーセントなので効果は抜群だ。これを肌に塗らない夜はほとんどない。マグネシウムを肌に塗ると、睡眠の質がさらによくなるといつも実感している。

繰り返しになるが、マグネシウムの大部分は消化の過程で失われる。だから、純度の高い成分を肌から吸収できる形態のマグネシウムが理想だということを覚えておいてほしい。

■マグネシウムを肌に塗る

肌に塗布するマグネシウムをベッドの脇に常備して、肌に塗ってから布団に入ろう。塗るのは次の場所がお勧めだ。

1. 痛みを感じる部位（第11章で紹介するエクササイズで筋肉痛になっているはずだ！）
2. 胸の中心（心臓はマグネシウムをもっとも必要とする臓器の一つであり、胸腺は免疫系の要だ）
3. 首や肩（ここにストレスがたまる人は多い）

こうした部位にマグネシウムを塗りこんでマッサージするとよい。スプレータイプを使うなら、4～6プッシュが目安だ。

■葉野菜、ゴマでマグネシウムをとる

食事にもマグネシウムが豊富な食材をとりいれよう。ノースダコタ州グランド・フォークスにあるヒューマン・ニュートリション・リサーチ・センターに勤務するジェームズ・ペンランドによると、マグネシウムが豊富でアルミニウムの少ない食事がぐっすりと深く眠ることに関係しているという。マグネシウムは、葉野菜、カボチャの種やゴマなどの種子類、スーパーフードとして注目されているスピルリナやブラジルナッツに豊富に含まれ

ている。

腸にダメージを与えかねない物質は、セロトニンやメラトニンを生成する妨げとなりかねない。そういうものは避けるのがいちばんだ。オーガニック食材や地元でとれたもの、加工されていないものを食べるように心がけよう。そうでない食品でも好きなものなら多少は食べてもいいが、口にするものの大部分は、安全であることはもちろん、腸の健康、脳、睡眠のためになるものにしてほしい。食事のたびに快眠の助けとなる栄養素をとっていれば、身体の内側から睡眠の質が改善されていく。

CHAPTER8

最良の寝室をつくる

人はパターンで行動する

睡眠時間を取り戻したいと本気で思っているなら、睡眠のために絶対にやるべきことがいくつかある。まずは、寝室は寝るためだけの部屋とし、寝ようと思ったときにすぐにたどり着ける場所にしてほしい。

人間は習慣と住環境から成り立つ生き物だ。人間の脳はいつでもパターンを探している。ある環境におかれたときの行動をパターンとして認識すれば、その環境に身をおくだけで自動的にその行動をとれるようになるからだ。同じ行動をしばらく続けると、「この時間にここへ行ってこれをする」と意識しなくてもよくなる。何も考えずにその場所へ行き、自動的にその行動をとるようになる。たとえば、「朝起きたらキッチンへ行き、コーヒーメーカーのスイッチを入れる」「仕事を終えて帰宅したらリビングへ行ってテレビをつける」「寝る前になったら洗面所へ行き、歯ブラシを手にとって歯を磨く」という具合だ。こうしたことは、あまり考えなくてもできる。気づいたら行動に移している。それどころか、違う行動をとろうとすれば、たぶん違和感を覚えるだろう（いつもと逆の手で歯を磨こうとすれば、足を使うのと変わらないくらいのやりにくさを感じる）。

人はなぜ、いつもと同じ行動をとるようになるのか？　なぜ、いつもと違う行動をとるのは大変なのか？　簡単に言えば、脳がそうなっているからだ。なぜ脳がそうなっているかというと、「ミエリン」と呼ばれる物質に驚くべき力が備わっているからだ。

ミエリンを睡眠に利用する

ミエリンは脂質の一種で、神経を覆って保護する絶縁体の役割を果たす。これがあるおかげで、脳とその他の部位の情報伝達を素早く行うことができる。私たちの行動は、神経経路によってコントロールされている。それを覆うミエリンは、同じ行動が繰り返されるたびに成長し、電気信号という名の情報がどんどんスムーズかつ速く伝わるようになる。ミエリンのこの働きが、いわゆる「マッスルメモリー」をつくりだすのだ。

ゴルフボールを初めて打つときは、小さなことまですべて考えないといけないので、不自然なスイングになり、自分の力の半分ほどしか出せない。一方、数年クラブを振り続けた人になると、ボールが飛ぶ仕組みの懸念すらなく遠くまでボールを飛ばすことができる。この違いは、ミエリンの成長によって生まれる。よほどの天才でもない限り、最初から何百ヤードも飛ばすことはできない。世界トップクラスのプロゴルファーになると、クラブを振る行為が自動的にすることとして身体に染みついている。だから、呼吸をするかのように自然に振れるのだ。

電気信号を伝えあう脳の神経細胞は、互いにつながりあう。同じ行動を繰り返せば、そのつながりが脳内で強化される。この働きを眠るときの環境にあてはめるとどうなるか。寝室でさまざまなことを行えば、眠るための神経細胞のつながりはあまり強化されないのではないか。

寝室でテレビを見る、ノートパソコンを広げて仕事をする、メールに返信する、SNSをチェックする、といったことをいつもしていれば、寝室に足を踏み入れたときに脳がそういう行動を期待して、それらに関係する電気信号を送り始めてしまうだろう。脳はいつもと同じことをしようとする。それが自分のしたいことだとは限らない。もう立派な大人なのだから、いつ眠るかくらい自分で決められると思うかもしれないが、人はみな、身体は大きくなっても同じことを基本的に繰り返すだけの赤ん坊にすぎない。寝室をどのような環境に整え、そこで何をするかが、睡眠の質を左右するのだ。

一つ言っておくと、**会社の仕事を寝室に持ち込むことは、睡眠を奪う重罪だと覚えておいてほしい**。寝室に睡眠を否定する行動との関連が生まれる。寝室を共有するパートナーがいるなら、パートナーにも寝室には仕事を持ち込まないと約束させよう。寝室はふたりにとっての聖域だ。腹を割って話せば、必ずわかってもらえる。とはいえ、話を切りだしたほうが率先して約束を守らないといけない。寝室を眠りの聖域に保つことを自分にも約束すること。睡眠の質のために寝室から取り除いたほうがいいものについては、第12章で詳しく説明する。ここでは、寝室を睡眠の聖域にするために足すべきものを紹介しよう。

寝室を眠りの聖域にする

「聖域」というと、どんなイメージが浮かぶだろう？　きれいな空気、流れる水、美しい植物、静かで穏やかな環境などが浮かぶのではないか。幸い、睡眠の場をそうしたイメージどおりの環境に整えることは難しくない。

■空気の鮮度と湿度を保つ

きれいな空気はとても大切だ。いつも呼吸している空気にはイオンが含まれている。実は、イオンには鮮度があり、鮮度が落ちると活性する力も落ちるということをご存じだろうか? 呼吸を通じて空気から細胞に取り込んでいるのは酸素だけではない。健康に欠かせないさまざまなイオン性物質も取り込んでいる。室内の空気がよどむと、空気中からマイナスイオンが失われていく。それを何とかしたいなら、空気を動かせばいい。窓を開ける、ファンを回すといったことをするだけで、寝室の空気は活性化する。

寝室に窓がない、外気温がマイナス20度といったとんでもない環境の人は、信頼できるイオン発生器を使えば室内の空気を活性化できる。マイナスイオンは、滝、海、川、山の近くに豊富にある。そういう場所で「新鮮な空気」を吸い込んで、癒やされたと実感したことのある人は多いだろう。品質の確かなイオン発生器を使えば、同等の効果を部屋で再現することもできる。

マイナスイオンは、次の三つの点から身体にいいとされている。

1．自由電子の数を増やして空気の活性化を促す
2．臭い、菌、カビ、寄生虫、大気中の有害物質を酸化させる
3．埃、花粉、ペットのふけなどを大きな塊にする（それによって取り除きやすくなる）

イオン発生器は、寝室に限らず家全体にプラスの効果をもたらす。

冬は寒くて窓やファンで換気できない人は、加湿器だけでも使ってみてほしい。空気がきれいになって眠りやすくなるうえ、粘膜の乾燥を防いでくれるので、ウイルスなどに感染しにくくなる。

加湿器を使うと空気から失われた湿度が少し戻るので、聖域のイメージにある「水」の要素も加わると言える。また、机に置けるミニ噴水やインテリアとしての「滝」の音に癒やされてよく眠れるようになったという人もいる。だからといって配管漏れは困るが、調査によると、水の流れる音を聞いた後では、鼓動と呼吸のペースが穏やかになるという。水の音には、不眠症を改善する効果が実際にあるのだ。

■**植物を置く**

楽園に植物は欠かせない。家に植物を置くことにはたくさんの素晴らしいメリットがあ

るので、置かない手はない。もちろん、映画『リトル・ショップ・オブ・ホラーズ』のように植物に家を牛耳られるまでする必要はない。考えて選んだものを一つか二つ置くだけで、素晴らしい効果が期待できる。

たとえば、イングリッシュ・アイビーはお勧めだ。NASAから空気を浄化する植物ナンバー1のお墨つきをもらっているし、何といってもこの植物には、高度な産業化が進んだ社会に蔓延し、神経毒とも呼ばれるホルムアルデヒドを吸収するという比類なき力がある。イングリッシュ・アイビーは非常に育てやすく、環境にも適応しやすい。バスケットでぶら下げることも、床に置くこともできる。極端に寒すぎず暑すぎない気温で、ときどき日光が当たればいい。

サンセベリアも眠りの聖域に最適だ。日光や水やりはそれほど必要としない。サンセベリアは夜間に二酸化炭素を吸収して酸素を排出するので、寝室の空気を新鮮に保ってくれる。

植物のなかには、その見た目や香りで私たちの身体をリラックスさせてくれるものもある。たとえば、つる性植物のジャスミンがそうだ。ウエストヴァージニア州にあるホイーリング・イエズス大学の調査によると、ジャスミンには睡眠の質を高める効果があるという。不安を和らげ、目覚めたときの気分をよくしてくれるからだ。ジャスミンの香りに睡眠時間を増やす効果は見られなかったが、通常の睡眠パターンの乱れを抑える効果はあるので睡眠の質は高めてくれるようだ。屋外で育てる植物という認識が一般的だったが、近年では室内で育てる人も増えている。また、ジャスミンなど植物由来のエッセンシャルオイルにも、身体のためになる効果がたくさんあると言われている。オイルをミスト状にして拡散するディフューザーを使ったり、もっとシンプルに、寝る直前にオイルを数滴枕カバーに擦り込んだりすれば、その効果を楽しめる。

少なくとも植物を一つ家に置いて、室内の空気を新鮮にしよう。植物の世話どころか自分の世話も満足にできないという人には、手間のかからない植物をお勧めする。植物を置くことのメリットを無視するのはもったいない。自分の家にふさわしく、ストレスにならない植物を見つけてほしい。

植物を置く、水の流れる音を流す、空気を新鮮に保つのいずれにしても、自分がリラックスできて心地よいと感じるものをとりいれることが大切だ。そうして寝室を、穏やかな気持ちでリラックスできる聖域に変えよう。そうすれば、足を踏み入れたとたんに夢見心地になれる。

CHAPTER 9

夜の生活を充実させる

オーガズムは快眠の素

寝室は眠るための部屋とはいえ、夜の営みという大事な目的のための部屋でもあるというのはみなさんもご承知のとおりだ。オーガズムに達すると、人は穏やかで満ち足りた気持ちになる。男性も女性も、オーガズムを迎えているあいだ、オキシトシン、セロトニン、ノルエピネフリン、バソプレシン、プロラクチンといったホルモンが分泌されるという。

こんな説明がなくても、経験すればわかる話だ。オーガズムに達すると眠くなることは、たいていの人が知っている。だが、このメリットを実際に活用しているかというと、必ずしもそうとは言えないのではないか。この章では、オーガズムによって分泌されるホルモンについて学び、セックスをするとぐっすり眠れる理由をしっかりと理解してもらいたい。

オーガズムが生みだす快眠ホルモンとは

■オキシトシンで心を鎮める

オキシトシンには、ラブホルモンや抱擁ホルモンという俗称がある。ハグやボディタッチ、そしてもちろんセックスといった親密な行為をすると、相手とのあいだに心のつながりが生まれる。

オキシトシンはオーガズムによって増える。学術誌『レギュラトリー・ペプチド』によると、オキシトシンには心を鎮める作用があるので、コルチゾールの働きを抑制し睡眠を促す効果をもたらすという。

オキシトシンは通常、視床下部で生成されて下垂体に保存される。主要な腺や臓器と密接につながっているため、オキシトシンの分泌が契機となって、気分を高めるもう一つのホルモンであるエンドルフィンの分泌などの作用が体内に生まれる。オキシトシンやエンドルフィンが分泌されれば、健やかな眠りにつく準備は整ったも同然だ。ところで、エンドルフィンの語源はご存じだろうか。この言葉は、内部に生じるという意味の「endogenous」と、ギリシャ神話で眠りの神とされるモルフェウスから派生した「morphine（モルヒネ）」という二つの言葉から生まれた。

■セロトニンでストレスに強くなる

セロトニンはすでに説明したように、眠りに大きな影響を与える。抗ストレス神経伝達物質として強力な役割を果たすこのホルモンは、セックスによっても瞬時に分泌される。また、自分はかけがえのない大事な存在だと実感したときにも分泌される。セックスという行為を通じてというよりも、相手との関係性や絆の感じ方、身体が体験すること全体を通じて分泌されると思えばいい。

脳科学を中心とした学術誌『プログレス・イン・ニューロバイオロジー』に、寝て起きる正常なサイクルを確立して維持するためにはセロトニンが不可欠だと実証する研究が載っていた。正常なサイクルの確立と維持には、副腎から分泌されるノルエピネフリンも関係している。

■ノルエピネフリンで睡眠のリズムを整える

ノルエピネフリンはノルアドレナリンとも呼ばれ、脳を含む体内でホルモンや神経伝達物質として作用する。身体の覚醒を調整し、睡眠を正常な状態に保つうえで重要な役割を担う。

私たちが眠りに落ちると、体内でセロトニンが分泌される。これには深いノンレム睡眠の時間を延ばす作用がある。一方、ノルエピネフリンの分泌はレム睡眠時に起こる。この分泌によって、レム睡眠がその効果を発揮し、さまざまなメリットがもたらされる。調査によると、睡眠がいくつかの段階に分かれるのは、この2種類の神経伝達物質の関係性によるところが大きいという。

ノルエピネフリンはメラトニンの合成にも一役買っているので、寝て起きる正常なサイクルを保つ手伝いをしているとも言える。また、ノルエピネフリンの分泌は、中枢神経系、自律神経系、副腎で行われるので、体内のストレス反応全般の調和をはかるという重要な役割も担っている。

■バソプレシンで睡眠阻害ホルモンを減らす

精神薬理学を中心とした学術誌『ジャーナル・オブ・クリニカル・サイコファーマコロジー』によると、バソプレシンは睡眠の質を高め、睡眠の妨げとなるコルチゾールレベルを下げる役割を果たすという。

バソプレシンは視床下部で合成され、下垂体後葉に保存される。これまでの調査から、人前でのふるまい、性的動機、一対一の関係の形成、ストレス反応全般において重要な役割を担うとされている。たくさんの作用があるかなり複雑なホルモンだが、セックスの後に脳に直接分泌されることもあるため、オキシトシンと並んで心を鎮める効果があるとも言われている。

■プロラクチンの分泌が眠りを促す

プロラクチンは性的満足に結びつくホルモンで、睡眠との関連も深い。プロラクチンは眠っているあいだに自然と増えることがわかっていて、この物質を注入する動物実験では、動物がすぐに疲れた様子になったという。

オーガズムに達してから少なくとも1時間は、男女を問わず血漿《けっしょう》プロラクチン濃度が大幅に上昇することが明らかになっている。これでようやく、セックスのことを「寝る」という言い方をする理由がはっきりしただろう。

プロラクチンは性的満足に結びつく。これが分泌されると、男性は「もう1回」と思ってもすぐにはできない。なにしろセックスをすると、マスターベーションのときの4倍の量が分泌されるのだ。

女性の場合、プロラクチンの急増はオーガズムとその後に続く性的満足の質に深く結びついていると『ジャーナル・オブ・セクシャル・メディスン』誌に載っていた。下垂体で分泌されるこのホルモンは、免疫機能や睡眠、ひいては生活の質全般の改善を助けてくれる。これもまた、快感を通じて健全なメリットを得るためには、少々積極的になったほうがいい理由の一つである。

睡眠の改善がセックスのためにもなる

セックスが快眠をもたらすのはわかった。ところが最近の調査によると、快眠もまたセックスの質を高めてくれるという。

『ジャーナル・オブ・セクシャル・メディスン』誌によると、睡眠を適切にとっている女性のほうが性的欲求が強く、行為中の興奮の度合いも強いという。また、ぐっすり眠った翌日は、性行為に及ぶ確率が14パーセント高いことも明らかになった。

大切な女性がいる人は、絶対にこの事実を覚えておいてほしい。愛する女性に健康かつ幸せでいてほしいなら、彼女がぐっすり眠るためにできることを確実にやってもらいたい。

睡眠不足になると、男女を問わず性欲の減退や性機能の低下を招く。ここで重要な役割を果たすのが、テストステロンと呼ばれるホルモンだ。学術誌『ブレイン・リサーチ』に掲載されていたデータで、睡眠不足は男性におけるテストステロンの減少につながることが明らかにされている。テストステロンが減ると、皮下脂肪の増加や気分の落ち込みをはじめ、勃起障害まで起こりかねない。

ミネアポリスにあるミネソタ大学メディカル・スクールで泌尿器外科の教授を務めるジョン・L・プライヤーは、「睡眠不足は勃起障害のリスクを高める恐れがある」と語る。睡眠不足になれば、テストステロンレベルが急激に下がるからだ。さらに恐ろしいことに、性的欲求も低くなるため、機能障害になっていると気づかないこともあるという。

性機能を健全に保ちたいなら、睡眠の改善が絶対に必要だ。やる気、エネルギー、欲求を取り戻す力が睡眠にあるにもかかわらず、人はついそのことに気づかないふりをしてしまう。睡眠が不足すると何もかもが急激に悪くなるが、それは裏を返せば、良質な睡眠をしっかりととれば、何もかもが急激によくなるということだ。

オーガズムは快眠と健康をもたらす

セックスとオーガズムは、睡眠に限らず実にさまざまなメリットをもたらしてくれる。免疫力が高まり、気分の落ち込みが緩和されるほか、寿命が延びる一助にもなる。オーガズムを与えあうことのできる能力は、健康と幸せに深く結びついているのだ。

これほどの効果がある理由について、いま一度はっきりさせておこう。私たちの身体における最大の性器は何か。答えは脳だ（大きさは関係ないと主張している人には朗報だろう）。脳がなければ、性的興奮は得られない。充実したセックスライフと最高の睡眠を得るためには、脳と身体のつながりを高めることが不可欠なのだ。

だから、分別をもって楽しむことを忘れずに、最高の快感がもたらしてくれるメリットを満喫してほしい。

最高の脳と身体をつくる睡眠の技術～セックス編～

■きちんと自分のことを伝える

セックスのカギを握るのはコミュニケーションだ。同じ人間はいないので、何に満足するかは人によって違う。愛する人の好み、そして自分の好みを理解しよう。理解したら、それをふたりで共有する。心を読むことができる人は、この世にひとりもいない。どういうことでその気になり、どういうことで興奮するかを、きちんとパートナーに伝えよう。このデータはふたりにとって絶対に必要だ。

■食事で栄養をしっかりとる

食事と運動も健全なセックスライフに欠かせない。第7章で紹介した快眠のための栄養素を、毎日の食事にたっぷりとりいれよう（ほとんどの栄養素は、生殖系にとってもプラスになると実証されている！）。栄養と運動については、のちほどさらに有益な情報を伝授する。

■セックスを運動ととらえる

自分から身体を動かそう。睡眠にセックスが影響するのは、身体を動かすという一面も当然関係する。腰を密着させて動かすなどすれば、ことを終えた後は自然とぐったりするはずだ。じっと動かずに横たわっている必要はない。積極的に自分から動いて、精一杯努めよう。横たわって受け身でいても、もちろんかまわない。だが睡眠の達人になりたいなら、それなりの努力が必要だ。

CHAPTER10

あらゆる光を遮断する

皮膚にも光を感じる受容体がある

暗いほうがよく眠れるというのは周知の事実だが、この事実をフルに活用している人は少ない。

寝室に光の類いがあると、睡眠サイクルが乱れる恐れがある。アイマスクを使ったとしても、100パーセント光が遮られることはほとんどない。

皮膚にも光を感知する受容体が存在することはご存じだろうか？　目の網膜にある光受容体とよく似ているので、実は皮膚にも光が見えていると言えるのだ。ブラウン大学の研究チームにより、皮膚の細胞がロドプシンをつくることも確認された。ロドプシンは、網膜で光を認識する物質だ。**寝室に光があると、身体はそれを感知して脳や臓器に通達する。**そうなれば、睡眠が邪魔されかねないのではないか。

コーネル大学の研究チームがそれを試す実験を行った。被験者の膝の後ろに光ファイバー・ケーブルをつけ、皮膚の一部に光をあてた。一部といっても、その範囲は25セント硬貨ほどの大きさだ。被験者は真っ暗ななかで眠っていたが、そのごくわずかな光があたっただけで、体温とメラトニンの分泌に変化が生じた。やはり、目を覆うだけでは十分ではないのだ。ぐっすり眠るためには、眠るときの環境をきちんと整える必要がある。

人工光がメラトニンを減少させる

眠るときは真っ暗でないといけない。だから、夜寝るときの光は「光害」となる。光害とは、人工的な光がもたらす悪影響すべてを意味する。人間（に限らずほとんどの生命体）は、繰り返し訪れる明るい時間帯と暗い時間帯に順応し、体内時計をもつようになった。ところが、人工の光が当たり前に使われるようになり、昼間の長さは変わってしまった。明るい時間は12時間だったが、いまでは人工的な光によって、24時間休みなく明るい状態を保てる。古代文明には、いまと睡眠時間が変わらない時代もあったと言われているが、睡眠の質はまったく違う。光と闇のサイクルが乱れれば、睡眠も乱れる。

光害のなかでも深刻なのが、メラトニンへの影響だ。調査によると、眠っているはずの時間に室内の光を浴びると、メラトニンの生成量が半分以下になるという！

メラトニンが睡眠に欠かせない存在だということはすでに述べたが、メラトニンの働きはほかにもたくさんある。いくつか紹介しよう。

・免疫機能の改善
・血圧の正常化
・ガン細胞の増殖や腫瘍の成長の抑制（白血病も含む）
・DNA保護力の強化、フリーラジカル（有害な活性酸素）の排除
・骨粗しょう症リスクの低下
・脳内に血小板が生じる（アルツハイマー病で見られる現象）リスクの低下
・片頭痛をはじめとする痛みの緩和
・甲状腺機能の改善
・インスリン感受性の向上と体重減少の促進

メラトニンは、いわばホルモン界のボー・ジャクソンだ。彼が複数のスポーツ競技で一流の成績を残したように、メラトニンも健康のこととなれば、「何でもござれ」なのだ。十分な睡眠をとらず、しかも寝る部屋が真っ暗でないなら、老化がいち早く進み、元気がなくなっていく。新たにわかった事実を踏まえても、睡眠を改善するにはやはり、部屋を真っ暗にするのがいちばんだ。

部屋を真っ暗にする方法

まずは、近年人気が高まりつつある「遮光カーテン」に替えよう。いまではたいていのカーテン売り場で扱われている。それから、光を発し続けるものを寝室から取り除こう。この二つを今夜のうちに行えば、明日起きたらきっと私に感謝したくなる。睡眠の専門家は、顔の前に手をもってきても見えないくらいの暗闇で寝ることを推奨している。私自身、豆電球をつけたまま寝る習慣で育ったせいで、部屋を真っ暗にして寝るのは本当に勇気がいった。

豆電球と言えば、フィラデルフィアにあるペンシルベニア大学シェイエ眼科研究所の研究チームが、小さな豆電球一つでも子どもの近視が進む一因となり、大人になってから深刻な視覚障害を招く恐れがあると発表した。彼らは2歳未満の子ども479人を三つのグループに分けた。真っ暗のなかで寝る子ども、豆電球が一つついた状態で寝る子ども、電気をつけた状態で寝る子どもだ。その結果は恐ろしいものだった。

真っ暗のなかで寝た場合、将来的に近視になった子どもは10パーセントだったが、豆電球の部屋で寝た子どもは34パーセント、電気をつけた部屋で寝た子どもに至っては55パーセントが近視になったのだ。あらゆる条件を同じにして行われた実験ではなかったとはいえ、この結果は絶対に無視できない。なにしろ、大人だけの問題ではなく、自分の子や孫にもかかわる問題だ。

私たちの遺伝子は、暗闇で眠ることを当たり前だと思っている。いまは、部屋のなかで何かしらの光が一晩中ついていることも珍しくない。外の世界で起きることはどうにもならないのだから、せめて自分の家のなかのことは自分の手で何とかするしかない。最近の車のヘッドライトや街灯には、LEDが使用されるようになった。LEDは、光のなかでもとくに睡眠の妨げとなる。だからこそ、遮光カーテンは絶対に必要だ。

寝室を居心地のいい暗闇に変えるべく、行動を起こそう。私の睡眠は暗闇に変えた瞬間からよくなった。寝室を真っ暗にするようになってからというもの、最高の睡眠がずっと続いている。

人工照明は体内時計を狂わせる

時間を巻き戻して人工照明に依存する社会になった事実を変えることはできないが、過剰な光が身体に及ぼす悪影響を減らすためにできることはある。

ハーバード・メディカル・スクールの調査によると、夜に光を浴びると体内時計が正常に動かなくなるという。この点についてはすでに述べたが、この調査では、光の色によって及ぼす影響が異なることも明らかになった。

調査チームは、ブルーライト（電子機器の画面から発せられるような光）と同程度の明るさのグリーンライトをそれぞれ6時間半浴びる比較実験を行った。すると、ブルーライトのメラトニンを抑制する時間の長さはグリーンライトの2倍で、体内時計の変動率も2倍だった（ブルーライトが3時間、グリーンライトが1時間半）。

要するに、夜に浴びる光の色が変わるだけで、いじめっこのブルーライトにメラトニンを減らされずにすむということだ。

赤い照明を使う

色には変化に応じた温度があり、それが人体に影響を及ぼす。絶対温度の単位ケルビンを用いた色温度表を見ると、ブルーはいちばん右端になる。この表は、右に行くほど温度が高く、左端のレッドに行くほど温度が低い。私たちが「熱い」でレッドを、「冷たい」でブルーをイメージするのとは反対だ。

このことから、**ハーバードの調査チームは、夜になったら薄暗い赤い照明を使うことを推奨している**。彼らのデータによると、「赤い光は、体内時計とメラトニンの抑圧にもっとも影響力が小さい」という。

間接照明や天井の照明に使われる標準的な電球は、高い熱をもつ光だ。そういう電球の代わりに、**暗くなったらキャンドルの優しい光をともして睡眠の質を高めよう**。私たち人間は太古の昔からずっと、調理のときも、身体を温めるときも、暗い夜道を照らすときも、熱い炎を大事に使ってきた。自宅でともすキャンドルだって、小さいとはいえ立派な炎に変わりはないので、取り扱いには十分注意してもらいたい。

また、自宅の照明を赤い電球に替えることだってできる。そうすれば、パートナーとの

照度一覧

照　度	光　源
0.0001ルクス	月は出ておらず雲に覆われた夜空（星明かりはある）
0.002ルクス	月は出ていないが雲のない夜空（大気光はある）
0.27～1.0ルクス	満月の出ている澄んだ夜空
3.4ルクス	夜明け前と日没後の雲のない空
50ルクス	家族だんらん中の居間の明かり
80ルクス	オフィスビルの廊下／トイレの照明
100ルクス	雲に覆われたとても暗い日中
320～500ルクス	オフィスの照明
400ルクス	晴れた日の日の出または日没
1,000ルクス	雲の多い日中／一般的なテレビ局スタジオの照明
10,000～25,000ルクス	白昼（太陽光は直接当たっていない）
32,000～100,000ルクス	直射日光

あいだにいい雰囲気が生まれる効果も期待できる。音楽でも、ロック、R&B、カントリー、Kポップなどのジャンルを問わず、赤い光が出てくる曲はかなり多い。

光は色も大事だが、明るさを表す照度についても知っておくと役に立つ。照度を表す単位が「ルクス」だ。表を見るとわかるように、太陽光が直接照らすと最低でも3・2万ルクスになる。私たちの先祖にとって、夜の光と言えば月明かりだ。1ルクスがせいぜいのその光と比べると、現代の私たちがどれほど異常な量の光を浴びているかよくわかるだろう。

室内照明は、50~500ルクスと幅がある。夜に何の対策もせずにこれだけの光を浴びると、自動的にメラトニンの抑圧が始まってしまう。第3章で紹介した電子機器対策や照明対策をとりいれて、夜になったら色温度の低い照明を活用し、寝室はできるだけ真っ暗にする。メラトニンの生成を促し、身体が必要とする睡眠を得るためには、こうした対策が欠かせない。ここでいくつか紹介しよう。

最高の脳と身体をつくる睡眠の技術～光編～

■デジタル時計の光を遮る

外からの光を遮断するだけでは十分ではない。寝室のなかにも排除すべき光はある。いちばんの問題は、あなたを怒ったように見つめているアラーム時計だ。デジタル表示の色が白や青のものは、赤に比べてはるかに睡眠の邪魔になる。対策としては、時計を何かで覆ってしまえばいい。それが嫌なら、表示の光を消せる機能のついた時計に買い替えよう。いずれにしても、時計の光を見えなくするのがあなたのためだ。

■照明の色や明るさを変える

真っ暗な部屋で寝るのに抵抗がある人は、まずは照明の明るさを抑えたり、電球の色を変えたりすることから始めるといい。赤い光の電球がいちばんいいが、キャンドルの光もお勧めだ。ヒマラヤ岩塩のランプも、柔らかいピンクがかったオレンジの光を放つ。岩塩のランプは、第8章でも紹介した身体にいいマイナスイオンを少量出すという。そう聞くと、ヒマラヤ地方の服が好みでない人も、ランプは使ってみたくなるのではないか。

■遮光カーテンを使う

遮光カーテンは、室内に人工的な光を入り込ませないためのものである。街灯や近所の家の門灯がなく、車通りもそれほど多くない場所に住んでいるなら、カーテンは必ずしも替える必要はない。時季によってはカーテン越しに月明かりが入ってくるかもしれないが、ほかの光に比べれば微々たるものだ。光害を警戒するなら、人工的な光に注意を払うべきだ。太陽の光をわずかに反射するだけの月明かりは気にしなくていい。

■寝室はつねに暗さを保つ

遮光カーテンに替えてもまだ光が入ってくる可能性はある。そういうときは、光が差し込む部分を毛布やタオルで隠せばいい。ベストセラー作家で整骨医のジョゼフ・マーコーラは、太陽が出ているあいだも寝室はできるだけ暗くしたほうがいいと提案している。望まない光は寝室に入れるべきではない。ぐっすり眠って活力を取り戻すために、寝室から余計な光をなくそう。

CHAPTER 11

熟睡したいなら運動するしかない

運動による負荷は必要なストレス

正しいやり方で行う運動は、目に見えない若さの源泉だとよく言われる。実際、筋肉は抗老化作用のあるホルモンの貯蔵庫だ。この種のホルモンは、ＤＮＡの酸化を防ぐ役割を果たす。それに、引き締まった筋肉の持ち主のほうが若さを長く保てるという。

では、運動は睡眠にどのように関係するのか？　この二つは切り離せない存在だ。実は、ジムで運動しているあいだに身体が引き締まることはない。運動は、文字どおり身体を引き裂く行為で、筋肉繊維に膨大な数の小さな亀裂が入る。実際、ジムを出たときの身体の状態は、運動前に比べて低下している。みっちり運動した後に血液の働きやホルモンの様子を見れば、ストレスホルモンの数は増え、炎症を表す数値は上昇し、血糖値の数値も正常から少しはずれているだろう。だからといって、どこかが「悪い」わけではない。たっぷり運動した直後はそうなるもので、回復するときになれば身体にたくさんのメリットが生まれる。

実は、運動による身体の変化は眠っているあいだに起こる。眠っているときに、身体のためになるホルモンが大量に分泌され、以前よりも強い身体にするための修復プログラムが発動するのだ。運動では、健康にとって重要なストレス要因が生じるだけにすぎない。その見返りを完全に得るためには、しっかりと休息をとって身体を回復させる必要がある。

ところが、健康になるためのストレス要因を、健康のためにできない人が大勢いる。仕事や家庭の問題、支払い、荒れた食生活、精神面や感情面での葛藤だけでなく、運動もまた、私たちにとってはストレス負荷となる。

ストレス負荷は、生活していて生じるストレスの集合だ。ストレスは必ずしも悪いものではないが、抱えすぎるとつぶれてしまう。

運動には驚くべき力がある。実際、いちばん健康な状態の自分でいたいなら、運動は絶対に欠かせない。インスリン感受性の向上、ホルモン機能の健全化、代謝の向上など、さまざまなメリットを身体にもたらしてくれる。しかし、すでにストレスがいっぱいのところに運動が加わると、深刻なトラブルが引き起こされかねない。

それには運動自体というよりも、運動するタイミングと運動の仕方が関係する。最良の眠りを得る（つまりは運動の成果を最大限に高める）ためには、守るべきルールがいくつかある。

夜の運動は睡眠のためにならない

ノースカロライナ州ブーンにあるアパラチア州立大学の調査から、最高の睡眠を得るには午前に運動するのが理想的だということが明らかになった。彼らは、被験者を午前7時、午後1時、午後7時に運動する三つのグループに分けて睡眠パターンを調べた。

すると、**午前7時に運動したグループの睡眠時間がいちばん長く、眠りも深かった**。実際、身体の回復にあてられる「深いノンレム睡眠」の段階は、最大で75パーセント多かったという。何と素晴らしいことだろう。健康で長生きしたい人にとっては、最高に嬉しい知らせだ。

とはいえ、つらいトレーニングの後のほうが寝つきが早いと信じている人は、少し納得がいかないかもしれない。夜に運動すると、体深部の体温が大幅に上昇するという問題がある。一度上がった体温は、再び下がるまでに4〜6時間かかる。第5章で説明したように、私たちの身体は体温調節という過程を通じて睡眠に最適な体温まで下げる。それなのに、**寝る間際に運動して体深部の体温を上げれば、最高の睡眠は得られない。**

ただし、多少の遅れなら心配ない。運動後に体深部の体温が下がれば、実際には通常の体温よりさらに少し低くなる。午後になってからでも、体温が下がるまでの時間を考慮して運動すれば、最高の睡眠は手にできる。

体温調節の面からすれば、夕方あたりに運動すればいい。たとえば、午後4時30分に運動すれば、午後10時に心地よく眠りにつける。その頃にはもう、運動によって分泌されたストレスホルモンはおとなしくなり、休息や消化をつかさどる副交感神経系が体内の舵を握っているので、体深部の温度は眠いと感じるくらいまで下がっている。

午前中に運動するのがベスト

運動する時間帯をこれから決める人は、睡眠のことを考えれば午前中がベストだ。遅くなりすぎなければ夕方でもそれなりの効果は期待できるが、とっぷり日が暮れてからではまったく睡眠に効果はないと思ったほうがいい。運動で身体を動かすことは時間帯に関係なく大事だが、運動するメリットを最大にするには、ホルモンのサイクルを正常に保たないといけない。

第2章で説明したように、コルチゾールの分泌量は早朝から急増する。これは純粋に、起きて動きだすことを促すためだ。そしてこの働きがあるからこそ、午前中の運動が睡眠の改善につながる。コルチゾールの分泌が促進され、正常な分泌サイクルが強化される。その後分泌量は徐々に減っていき、眠りにつくはずの時間になる頃に最低になる。午前1時のトレーニングは、フェイスブックにアップする話題としてはいいが、思考と身体をストレスによる悪影響から守るうえではバカげている。

いまでは24時間オープンしているジムがたくさんあるので、夜遅くに身体を鍛えている人は多い。私自身、夜遅くにトレーニングをしたことは何度もある（といっても、判断力が未熟な大学生のときの話だ）。午後10時を回ってからジムへ行ったり、深夜に友人とバスケットボールをしたり、真夜中にジョギングしたりもした。

なぜ若い頃は無理がきくのか

若いときは誰しもそういう行動をとるもので、まったく気にとめもしない。食べたいと思えばどんなに身体に悪そうなものでも食べ、明け方近くまで寝ずにいても、朝ちゃんと起きて試験にパスできる。しかし、10年後に同じことをすれば、失敗だったときっと後悔する。

いったいどういうことなのか？　なぜ、若いときは具がたっぷりのピザを好きなだけいつ食べても、それなりの体型を維持できていたのか？　夜更かしは身体に悪いと知りながらも夜更かしし、それでも翌日にするべきことをちゃんとできたのはなぜなのか？　簡単に言うと、その年代のホルモンは「モンスターホルモン」だからだ（科学的な用語ではないが、言わんとすることは伝わると思う）。私たちはひたすら、アナボリックホルモン（タンパク質の合成を促すホルモン）を大量に生産している。それは、未来の自分を形づくる遺伝子を集めるためだ。

このメカニズムがあるから、6歳の自分、16歳の自分、そしていまの自分の姿はまったく違う。人の身体は、ホルモンが変われば変わる。ホルモンこそ、人の身体を真に変える力をもつのだ。ホルモンの機能を最大限に高め、若さを保つジュース（モンスターホルモンのジュース）を体内に取り戻すことについては第13章で詳しく説明する。いまは、大学時代の無茶には必ず代償が伴うということに注目してもらいたい。調査によると、**暴飲暴食や夜更かしといった行為は、老化を進め、若さや活力を失う日を早める**という。

睡眠不足は老化に直結する

人の寿命を知るうえで、もっとも正確な指標になると言われているのが「テロメア」だ。テロメアは、いわば靴紐のほつれを防ぐために末端をとめてある、プラスチックのパイプのようなものだ。靴紐ではなく染色体の末端に位置し、染色体の破損やほつれを防いでいる。

年齢を重ねるにつれてテロメアはすり減っていき、最終的には消えてなくなる。そうすると、細胞の分裂が止まる。わかりやすい言い方をすれば、それが老化だ。細胞の老化は毎日起こるが、長い年月をかけてゆっくりと起こる大きな問題が一つある。テロメアの長さを縮めるスピードは、ある行動によって左右されるのだ。カリフォルニア大学の研究チームが実施した調査により、テロメアを縮めるスピードを加速させる最大の要因は寝不足であることが明らかになった。

十代から二十代前半にかけて身体に必要な睡眠を顧みない生活を送ると、身体はそれにすぐ慣れるものの、知らず知らずのうちに老化が加速する。細胞の分裂が突然止まった影響が身体に現れても、何が起きたのかわからない。

細胞の分裂が止まるとどうなるか。これまであったエネルギーが突然なくなる。体調を崩す頻度が増える。身体のあちこちが痛みだす。体重を落とそうとしてもなかなか落ちなくなる。七十代や八十代の人の話をしているのではない。二十代後半でそういう経験のある人が大勢いるのだ！　老化のスピードを自らの不注意で加速させているというのに、そうと気づける人はほとんどいない。

この事実をいますぐ子どもたち（とくに高校生と大学生）に伝えてほしい。彼らの先に待ち受ける長い年月を健康で丈夫な若々しい身体で送るためには、絶対に知っておく必要がある。

嬉しいことに、**ライフスタイルを改善すれば、テロメアの強化を図ることができる**。学術誌『アーカイブス・オブ・インターナル・メディスン』に掲載された研究により、週に100分程度の運動（テニス、水泳、ランニングなど）をした人は、週に16分だけ運動した人に比べて平均5〜6歳若く見えることが明らかになった。やはり、運動は若さの源泉なのだ。睡眠を改善する効果も期待できることを思えば、健康で長生きするためには、適切な運動が欠かせないのもうなずける。

運動は、時間を見計らって行うことがとても大切だ。夜更かしが身体によくないことは周知の事実だが、夜に運動することはそれ以上によくない。暗くなってから運動して深夜まで起きていることだけが悪い、というわけでもない。午前3時に起きてルームランナーで歩く、といった運動の仕方も避けたほうがいい。ホルモンの正常なサイクルは、そんな時間に起きてジムで熱心に運動するようにはなっていない。このことをしっかりと頭に入れて、身体と健康にとって最適な時間に運動する生活リズムをつくろう。時間の調整は、案外自分の力でどうにかできる。人は環境によってつくられるが、環境をつくるのは人だということを忘れないでほしい。

有酸素運動で痩せるとは限らない

数年前、大学進学のためにフランスからアメリカへやってきた男性が私のクライアントになった。私と一緒にジムへ通い、目指す肉体をつくりあげることが彼の目的だ。いろいろと話を聞くと、彼は8年ほど寝不足に悩まされているという。睡眠時間は4時間を切る日がほとんどで、医師から不眠症だと診断されていた。

そう言われるまでもなく、彼の顔と身体を見れば一目瞭然だった。私は彼に、「ジムで一日中トレーニングを後押しすることはできますが、睡眠の問題を解決しないことには望む身体は手に入りませんよ」と伝えた。彼はあまり気乗りしない様子だった。これまでにも不眠症を治そうと努力したが、大変なだけで成果はあがらなかったのだ。とはいえ、私のアドバイスに従うことには同意した。きっと、「なるようになれ」という気持ちだったのだろう。

彼は有酸素運動を長時間行うことを日課としていたが、私はそれを一時的に禁じた。そして、きついウエイトトレーニングで筋力強化に努めさせた。短いトレーニング時間で集中して筋力アップを図るようになると、数日のうちに変化が起きた。

このトレーニングに切り替えて1週間が過ぎた頃、彼は私に会いにきた。そして、「いったい何をしたのですか？　おかげさまでぐっすり眠れるようになりました」と言った。彼にとって、これはかなり大きな変化であり、彼の人生はそれによって一変した。

改めて繰り返すが、運動自体はストレス要因となるが、適量をとりいれれば身体に大きなメリットがもたらされる。そして、**メリットがもたらされるのは、それを受けいれる準備が整っている（必要な睡眠をとっている）身体だけだ。**

昔ながらの無理のないペースでのジョギングは、筋肉の分解を進める有酸素運動の先駆けだ。30分ほどジョギングするあいだ、交感神経系が絶えず活発に動く。その間は、体内で分泌されるストレスホルモンが分解されることも、排除されることもない。はちきれんばかりに水を入れた風船のように、体内にどんどんたまっていく。

はたして、ジョギングは身体のためになるのだろうか？　間違いなくためになる。ただし、絶対に見過ごせない注意事項がいくつかある。長時間のジョギングという名の「有酸素運動」は、脂肪を落とす理想の方法だと長年にわたって信じられてきた。だがそれは誤解だ。信憑性のかけらもない。長距離を走ると、糖不足を補うために筋肉が分解されるので、筋肉が急激に失われる。筋肉は体内の脂肪を燃焼する装置みたいなものなので、走り過ぎによって筋肉を失えば、そのぶん代謝が下がる。だから、毎日ジョギングを続けないと、あっというまに脂肪がつき始める。フォレスト・ガンプのように走り続けられるという人もいるだろうが、私はそんなことはしない。はっきり言おう。**脂肪を落としたいからといって、長時間走る必要はない。**走れば痩せると信じるのは、歯の妖精が実在すると信じるようなものだ。

長時間のジョギングは、それを心から楽しむ人だけがするべきだ。痩せるためではなく心を無にしたいから、ただ楽しいからという理由であれば、どんどん走ろう！　とはいえ、走る時間や距離に注意を払い、これから紹介するジョギング以外の運動をとりいれることもお忘れなく。

ウエイトトレーニングでホルモンを活性化させる

ホルモンの働きを最大限に高めたいなら、ウエイトトレーニングが必要だ。**重いウエイトを持ちあげると、アナボリックホルモンが分泌され、気分は上向きになり、見た目は若返り、よく眠れるようになる。**

ウエイトトレーニングは男性には問題ないが、女性は「身体がいかつくなる」と不安になるかもしれない。だが現実はと言うと、バカみたいにウエイトを上げる男性のほとんどが、目標とする体型には至っていない。女性に比べると、男性のテストステロンレベルはかなり高い。テストステロンは身体をつくる助けとなるホルモンだ。それが多いにもかかわらず、ウエイトトレーニングを始めたくらいでは身体は大きくならない。近頃の男性は、身体を大きくするための手段として「ドカ食い」（高カロリーなジャンクフードを大量に食べること）やサプリの大量摂取を掲げるが、それでは魅力的な身体つきにはならない。よって、ステロイド入りのカクテルを飲んだり、食べることを仕事にしたりするなら別だが、ウエイトトレーニングで女性の身体がいかつくなるという心配は無用だ。そもそも、ウエイトトレーニングは身体を大きくするものではない。ウエイトを持ちあげることでしか手に入れられないメリットがあるのだ。女性のみなさんには、そのメリットを絶対に知っておいてほしい。

食事制限や有酸素運動といった昔ながらのダイエット法で体重を落とせば、身体は一回り小さくなるが、体型はリンゴ体型のままだ。一方、ウエイトを持ちあげると、身体の組成が変わるので、リンゴ体型から砂時計に変わることが可能になる。ウエイトトレーニングによって、遺伝子に秘められた真の力を解放できるのだ。遺伝子が求めているウエイトトレーニングを実際に行えば、身体は自然と変わる。

要するに、ウエイトトレーニングをしても身体は大きくならない。身体を大きくするのは大量の食事だ。身体の厚みが増すのは、ウエイトトレーニングをしたときではなく、チョコレートクロワッサンを食べたときだ。

不眠症と診断されたクライアントのために、私は週に1回30分のウエイトトレーニングだけするようにと指示した。その結果、彼の身体から余分な脂肪は消え、健康のバロメーターとなる数値は改善した。そして、彼が何よりも必要としていた睡眠をとれるようになった。

運動は睡眠の質をこんなに改善する

運動を習慣にすることは、身体づくりのためだけでなく睡眠のためにもなる。このことをつねに意識してほしい。『ジャーナル・オブ・クリニカル・スリープ・メディスン』誌にも、原発性不眠症患者が運動療法を続けた結果、睡眠が劇的に改善したとの報告があった。

この実験には睡眠ポリグラフが用いられた。睡眠ポリグラフは睡眠障害を診断する検査のことで、脳波、血液中の酸素レベル、心拍、呼吸のほか、目や足の動きなどを記録する（要するに、スパイダーマンに蜘蛛の巣でとらわれたみたいに、全身にワイヤーが装着された状態で眠るのだ）。実験で得られた具体的な数値の一部を紹介しよう。

被験者が運動を始めるようになると、数値に次のような動きが見られた。

・睡眠に入るまでの時間が55パーセント改善した（寝つきが早くなった）
・測定中に目覚めている時間が30パーセント減少した
・測定中の睡眠時間が18パーセント増加した

・睡眠効率が13パーセント増加した（睡眠の質が改善された）

これらはすべて、運動によって生まれた結果だ。薬の力ではない。魔法のランプもこすっていない。あくまでも、運動によってもたらされたのだ。

数値はすぐに改善するが、睡眠が実質健全になるのは、運動を2週間休まず続けてからになる。この「休まず」がポイントなのだが、何年も習慣にしてこなかったことを習慣にするのは、猫を手なずけるくらい難しい。

運動を生活の一部として定着させるには、やり方を考えて運動のきっかけとなる何かを具体的に決めたほうがいい。のちほど紹介するヒントを参考に、定期的な運動を通じて自分の身体を最高に輝かせよう。

睡眠がトレーニングの成果を増大させる

世界に通用するアスリートは、睡眠をトレーニングの一環だととらえている。これはちっとも不思議なことではない。バスケットボールのレブロン・ジェームズ、テニスのロジャー・フェデラー、ゴルフのミシェル・ウィーは、毎晩必ず10時間は寝る。テニスのヴィーナス・ウィリアムズ、アルペンスキーのリンゼイ・ボン、陸上のウサイン・ボルトは、睡眠が8時間を切る日はほとんどない。睡眠と疲労を管理するツールを提供するファティーグ・サイエンス社は、世界トップクラスのアスリートたちの声をブログで紹介している。人類史上最速の男として知られるウサイン・ボルトの声は次のようなものだ。「睡眠はこの上なく重要だ。トレーニングを身体に吸収させるためには、身体を休めて回復させる必要がある」

この言葉には、トレーニングをするだけでは身体は変わらないということがはっきりと表れている。身体の変化は睡眠の質に左右されるのだ。

運動能力に睡眠がもたらすメリットについては、スタンフォード大学の研究チームが実際に調査している。バスケットボールの大学代表チームの選手を被験者として調査したところ、思いがけない結果が明らかになった。

被験者の睡眠時間を平均8時間半まで増やしたところで、睡眠障害の認定専門医であるマイケル・J・ブレウスは次のようなデータを示した。

・被験者の走りが格段に速くなった。ダッシュの時間が1秒近く縮まった
・シュートの精度が大幅に改善した。フリースローと3ポイントシュートの入る確率が9

パーセント上がった

・疲労感が減り、日中に眠気を感じることも減った（そして反応が速くなった）

・気分と身体的な機能全般が改善されたという意見があがった（試合、練習を問わず）

最高のパフォーマンスを見せたいなら、ぐっすり眠ることが絶対に必要なのだ。自分でそうすると決めて時間を賢くやりくりすれば、誰もが必ずその恩恵にあずかれる。睡眠は、時間が多ければいいというものではない。賢く眠ることが大切だ。そのためのヒントをこれから紹介しよう。

最高の脳と身体をつくる睡眠の技術～運動編～

■午前中に運動する

しっかり運動する時間を午前、午後のどちらに設けるにしても、午前中に必ず何かしらの運動をしよう。わざわざジムに行かなくても、ホルモンの自然な分泌を促して夜にぐっすり眠れるようになる運動はできる。筋力トレーニング、ウォーキング、ミニトランポリン、ヨガ、ケトルベルを使ったトレーニング、タバタ式トレーニングなど、数分でできる運動はたくさんある。こうした運動を数分とりいれたところで、その後の本格的な運動の邪魔にはならない（その後トレーニングをすると決めた人の話である）。

午前中に本格的なトレーニングをしたい人は、それをするだけで十分だ。時間配分はあなたしだいだが、午前中に身体を動かすメリットを決して無視してはいけない。

■運動と睡眠の時間を確保する

前述のアドバイスを参考にして、運動のための時間をスケジュールに組み込んでしまおう。時間帯は午前でも夕方でもかまわないが、睡眠に最善に働く時間帯でないといけない。健康状態を最高にしたいと本気で考えているなら、運動の時間と睡眠時間をいちばんに確保して、ほかのことはすべて後回しにしよう。

■筋力トレーニングと好きな運動を組み合わせる

運動は楽しくなければ意味がない！　実際に行う運動こそが最高の運動だ。いまは、スケジュールに運動の時間を確保するだけでも大変な時代だ。時間を設ける対象が好きでもないことなら、実行するのはますます難しくなる。

すでに説明したように、筋力トレーニングは誰にとっても重要だ。とはいえ、身体に必要な運動を楽しく行うやり方はたくさんある。筋力トレーニングの日を2日設けたら（これは絶対に必要な運動で、すでに行っている人も多いと思う）、自分の好きな運動をする日を数日設けるとよい。バスケットボールでもいいし、ダンス、ヨガ、ピラティスのレッスンを受けてもいい。自分に合っていると思うことを継続しよう。健康になる過程を楽しむ権利はみんなにある。好きなことを見つけて積極的に取り組もう。

■仲間をつくる

運動したことを報告する相手をつくろう。自分以外の何かに対する責任が生まれると、運動を続ける割合が格段に上がることは統計的に証明されている。責任を生じさせる場合、自分のことを信頼している人（グループ）をその相手に選ぶことが大前提となる。運動を続けると信じていない人や、関心を示さない人（意識せずに示さない人も含む）にサポートを求めるのは得策ではない。

健康になるために身体を変えようと努力しているからといって、誰もが応援してくれるとは限らない。だからこそ、自分を応援する人を見つけることが大切になる。

一対一で互いに責任をもちあうパートナーをつくるときは、あなたが取り組もうとしていることに挫折した過去をもつ人は避けたほうがいい。たとえば、取り組むのがジムへ行くことなら、ジムに行くのを苦痛に感じる人をパートナーに選んではいけない。そういう人をパートナーにするのは、電子レンジも満足に使えない人に料理の教えを請うようなものだ。そうではなく、あなたが改善しようとしている部分が少しでも勝っている人をパートナーに選ぼう。相手があなたにアドバイスできる部分を改善したいと思っていれば、さらに望ましい。これこそが本当の意味でのパートナーシップであり、一対一で責任をもちあう関係もうまくいく。

■睡眠不足が運動不足をもたらす

運動が睡眠に影響を及ぼすだけではない。睡眠もまた、運動に影響を及ぼす。『ジャーナル・オブ・クリニカル・スリープ・メディスン』誌に、寝不足の翌日は運動する量も時間も短くなる傾向にあるという研究報告が載っていた。

その研究は、不眠症の人の睡眠の質が運動で改善されるかどうかを調べる目的で行われたが（改善されることが明らかになった）、思わぬ事実も判明した。よく眠れなかった日の翌日は、運動するモチベーションが下がったのだ。モチベーションが回復したのは、睡眠が改善され、運動を継続的に数週間行った後だった。このことはつねに意識しておいてもらいたい。良質な睡眠は、モチベーションにとっても必要なのだ。とはいえ、運動を始めてみて自分を駆り立てる必要があると感じたときは、頑張って自分を奮い立たせてほしい。最初は自分で駆り立てないといけなくても、目標とする人生を思い描き、それを得たときの気持ちを想像しているうちに、自然と自ら進んで運動するようになっている。

■週に2日、ウエイトトレーニングをする

最低でも週に2日はウエイトトレーニングをしよう。やる価値がいちばん高いと思えるトレーニングだけ集中して行えばよい。

ウエイトトレーニングといっても難しく考えることはない。寝不足や不眠に悩まされたことのある人は、「続けて2カ所」のトレーニングを30分だけ行うとよい。2種類の運動を組み合わせることで、競合しない部位2カ所を同時に鍛えるのだ。たとえば足と胸なら、バーベルスクワットを8〜10回行ったら、すぐにベンチプレスを8〜10回上げ、完全に回復するまで休む（最大2分）。これを繰り返すのだ。運動の種類や休憩時間は変えればいいが、続けて2カ所という形式と30分という時間は変えてはいけない。このトレーニング方式は、ダイエットにはもちろん、ホルモンサイクルの最適化にも効果が期待できる。

CHAPTER12

寝室にスマホを持ち込まない

スマホは深い睡眠を阻害する

携帯電話、テレビ、デスクトップパソコン、ノートパソコン、iPad、キンドル、タブレットPC……。寝室を小さな家電ショップに変えている人は多い。このことが、健康をどのように脅かすのか？　そして、睡眠にどのような影響を及ぼすのか？

携帯電話会社が自ら依頼した調査から、**寝る前に携帯電話で話すと深いノンレム睡眠の段階に達するのが遅くなり、深い睡眠の時間が短くなることが明らかになった。**つまり、回復力、免疫機能、ホルモン機能が低下し、翌日の頭や身体の働きが悪くなるのだ。

英国レスターシャー州にあるラフバラー大学の研究チームが、携帯電話から出る放射線が人間の脳に与える影響を調べた。被験者の頭に携帯電話をくくりつけ、コンピュータで携帯電話のオン／オフを操作しながら脳波を脳波計で測定したのだ。

すると、電話が「通話モード」（電話がかかってきたときの状態）になると、電源が切れて1時間以上たってもデルタ波はあまり動かないままだった。デルタ波は、深い睡眠のいちばんの指標となるものだ。睡眠において、深い睡眠の段階は重要な役割を担うので、この睡眠が阻害されれば睡眠効率に大きく影響する。だからこそ、この脳波を観察したのだ。

被験者は眠るようにと指示されたが、電話の電源が切れた後、寝つくまでに普段の2倍の時間がかかった。深い睡眠に入ることができたのは、携帯電話から出る放射線の影響が脳波に見え隠れしなくなってから1時間がたった後のことだった。

だからといって、アルミホイルの帽子をかぶってテクノロジーから身を隠せといったくだらない訴えをするつもりはない。テクノロジーの発展と活用はかつてないほど拡大し、もはや私たちの生活の一部となっている。とはいえ、そうしたテクノロジーがもたらしかねない悪影響を認識し、それらから身を守る術を賢く活用したほうが絶対にいい。

何よりも気がかりなのは、アメリカ人の少なくとも半数が、寝るときに携帯電話をすぐそばに置いているという事実だ。真夜中でも、メッセージを受信していないかチェックするという人は多いだろう（それが睡眠のリズムを乱すのは言うまでもない）。朝起きたら真っ先に携帯電話を手にする、という人はもっと多いに違いない。

私たちにとって、意識するという行為はかけがえのないものだ。それに、一日の始まりに何をし、終わりに何をするかは、人生全体に大きく影響する。携帯電話を手にメールやメッセージのチェックから一日を始めれば、その日はずっと自分ではなく自分以外の人を優先することになる。誰かのニーズに対処することから始めれば、自分の身体を気にかけたり、その日にやろうと思っていることに集中したりする時間はなくなる。これではまるで、「成し遂げたいことがあるとわかっているが、それについては、ストレスがたまって時間もエネルギーもなくなったときにやろう」と言っているのも同然だ。

そして、携帯電話におやすみのキスをして枕元に置くことで一日を終わらせれば、その先にもやはり失敗が待ち受ける。なぜなら、携帯電話で最後にしたことが頭に残るので、翌日に何がやりたいかといったことは頭をよぎらないからだ。それに第3章で説明したように、**携帯電話の画面から出る光のスペクトルは、日中に分泌されるべきホルモンの分泌を促すので、眠っているはずの時間に分泌されるセロトニンの分泌に遅れが生じ、量も減少する。**

電磁界によるガンのリスク

携帯電話を寝室に持ち込むべきではないと、さまざまな理由をあげて説明してきたが、実はさらに深刻な問題が潜んでいる。家庭にある電化製品や電子機器からは、電界と磁界の両方が発生していて、その二つを総称して電磁界と呼ぶ。電界は壁などの障害物で簡単に遮断されるが、磁界になると、壁や建物、それに人体まで簡単に通り抜けてしまう。携帯電話の使用を通じて発生する電磁界は、人体に有害な影響を与えることがわかっている。

次の二つの単語を見てほしい。違いがわかるだろうか。

EAT

FAT

目が悪くなければ、最初のEの下の横線だけが違うとわかる。1本の線の有無で、まったく違う結果が生まれるのだ。体内の細胞もこれと同じだ。100兆個以上ある細胞のなかに間違った情報が伝わると、自己免疫疾患による症状が現れたり、ホルモン機能が乱れたりするほか、ガン細胞が現れることもある。

私たちが普段使っている電化製品から発生する電磁界は、白血病、脳腫瘍、乳ガンといった深刻な病気に関係する。では、携帯電話から生じる電磁界はどうなのか？

WHO（世界保健機関）では、携帯電話から発生する電磁界を「ヒトに対して発ガン性があるかもしれない」としてグループ2Bに分類している。

また、イスラエルにあるテルアビブ大学でガン研究を率いたシーガル・サデツキー博士も、アメリカ上院での公聴会で「携帯電話は唾液腺腫瘍の一因と考えられる」と証言している。彼の報告には、携帯電話をあてるほうの耳の耳下腺に腫瘍ができる確率について次のように記されていた。

・携帯電話での定期的な通話を5年間続けると、34パーセント増加する
・一生のうちに携帯電話での通話が5500回を超えると、58パーセント増加する
・一生のうちに携帯電話での通話時間が266・3時間を超えると、49パーセント増加する

これでもまだ、危険だと信じられないだろうか？

放射線の測定や影響を扱う学術誌『RPD』にも、**「メラトニンの分泌は電磁界を浴びることで大幅に阻害される」**という研究報告が載っていた。弱い電磁界すら浴びる量を制限すべきである、というのが彼らの結論だ。メラトニンは睡眠の安定に欠かせないだけでなく、抗ガン作用もある重要なホルモンだ。電磁界に絶えず身体をさらしていれば、体内のメラトニン生成システムが崩壊しかねない。

テクノロジーに振り回されるな

私たちが使っているWi－Fiをはじめとするさまざまな電波は、まったく新しい形態のエネルギーである。その認識をもつことが大切だ。人間の身体は伝導性が非常に高い。とはいえ、電波を使うテクノロジーが登場してからそれほど年月はたっていないので、世界を覆うWi－Fiという巨大な傘が人体にどれほどの影響を及ぼすのかは、まだはっきりとはわかっていない。

いまは、24時間いつでもテクノロジーとつながれる。携帯電話が登場する前は、留守にしている人とはその人が帰宅するまで連絡をとれなかった。外出ついでに知り合いの家を訪ねるのも普通だった。「やあ。ちょっと近所まできたので寄らせてもらったよ」。思いがけない友人や家族の来訪を、私はいつも喜んだ。

いまは、先進国に暮らす人ならほぼ全員が携帯電話をもっている。たいていはポケットに入っているので、絶えず無制限にインターネットの情報が見られて、世界中の人々と交流できる。絶えずつながれる機会は増えたものの、親密な関係を築く機会は減った。確かに、いつどこからでもメッセージを送ることはできる。でも、ドアをノックする音が聞こえたら、きっと「いったい誰だ?」と怪訝に思う。誰かと一緒にいるなら、その人に向かって「誰かくる予定なの?」と尋ね、誰がきたのか気になって苛立ちを隠せない。「火曜日の午後2時に、いきなりドアをノックするなんてどういうつもりだ?」と心のなかで思うだろう。

笑い話に思える人もいれば、実際にそういう経験をしたことのある人もいるだろうが、いまは年配の人だって、誰かの家を訪ねるときは事前にメールをしたほうがいいと思っている。家の前に着いてから、「いま玄関にいるのですが!」とメールをするのでは遅い。それでは意味がない。いつでも好きなときに連絡をとるのはいいが、実際に家にくるときは、たっぷりと時間の余裕をもって事前に連絡してほしいというのが本音だ。

携帯電話をはじめとするテクノロジーに頼るようになり、人とのかかわり方が変わり、細胞のかかわり方も変わった。そして、子どもへの影響は大人より大きい。

残念ながら、耳下腺腫瘍と脳腫瘍の両方とも、十代未満の子どもに及ぶリスクがいちばん大きい。子どものほうが頭蓋骨が薄いので、携帯電話から出る放射線をたくさん吸収してしまうのだ。

携帯電話から出る放射線は、中脳までの組織全体に影響する。中脳にできる腫瘍は、ほかの部位に比べて深刻だ。それに、子どもの細胞の再生は早いので、細胞の成長への影響も大きい。いまは、子どものときから電子機器の放射線を浴びる時代だ。これがいちばんの問題だと言える。携帯電話がなかった時代のことを鮮明に思いだせる大人はまだたくさんいるが、若い世代の人たちは、携帯電話が普及してから生まれている。スウェーデンのエレブルー大学病院のレナート・ハーデル教授によると、ティーンエージャーのときから携帯電話を頻繁に使用していると、大人になってから脳腫瘍になる確率が4~5倍高くなるという。

電子機器を寝室に置かない

この章の教訓は、携帯電話をむやみに携帯しないという話に尽きる。この教訓を身近にいる若い世代の人たちにも伝えてほしい。携帯電話がもたらす悪影響を知れば、携帯電話と一緒に一晩中過ごそうとは思わないはずだ。

携帯電話や電子機器を、心の友のように扱う人は多い。そういう人は、文字が入力できる距離に携帯電話がなかったら倒れて死んでしまう、といった態度を見せる。

安心してほしい。携帯電話がなくても死にはしない。先ほどの教訓を無視すれば、残りの人生はあまり楽しくならない。だから、電子機器は寝室から追いだそう！　睡眠が大事なら、必ずそうするはずだ。病気をしない健康な身体になることが大事なら、そうするはずだ。テレビもノートパソコンも携帯電話も、睡眠を阻害する放射線を発する。そういうものを使う場所を家のなかで決めて、そこだけで使うようにしよう。寝室は、睡眠とセックスのためだけの部屋だ。

寝る前にテレビを観ると、睡眠サイクルが乱されるという研究結果は山のようにある。ベッドでテレビを観るのはごく普通のことだと思うかもしれないが、そのあいだ、脳の一部は花火のように激しく光っている。つまり、脳と身体にストレスを与えているということだ。それが就寝時間の近くなら、その影響はいっそう強い。

自室にテレビのある子どもは、試験の点数が低く、睡眠に問題を抱える傾向が高いというデータがある。それだけではない。部屋にテレビがあると、肥満になるリスクも格段に高まるという。

では、ママとパパへの影響はどうか？　イタリア人カップル523組の性生活を調べたところ、**寝室にテレビのないカップルがセックスした回数は、テレビを置いているカップルの2倍だった**（これを読んで寝室からテレビを放りだす人はかなりいると思う）。

寝室にテレビがあるとセックスの回数は半分になると述べたが、50歳をすぎたカップルに限定すると、テレビの存在がより顕著に回数の減少に反映される。

性生活が充実するというだけで、ほとんどの人にとってはテレビを追いだす十分な理由になるはずだ。この事実を知った後で誰かの家の寝室でテレビを見つけたら、きっとショックを覚える。寝室に入ってテレビを見つけたとたん、胸に手をあてて息を飲み、「まさか、まだテレビを置いている人がいたとは……」と思わずつぶやいてしまうことだろう。

電子機器はセックスにも影響を及ぼす。不妊や生殖障害を中心に扱う学術誌『ファーティリティ・アンド・ステリリティ』に、ノートパソコンを使ってワイヤレス環境でインターネットに4時間接続した状態でいると、精子の運動率の著しい低下を招き、精子DNAの断片化が進むという研究報告が載っていた。生殖細胞の健康と先進技術は、あまり相容れない（自分は未来からきたロボットだというなら話は別だが）。毎日当たり前だと思ってしていることが、実は私たちの身体や生き方に大きく影響するということを忘れないでほしい。

寝室に電子機器を置くことは、睡眠と身体に対する第一級殺人罪も同然だ。だから、いますぐ行動を起こそう。身体のことを尊重し、寝室から電子機器類をすべて追いだすのだ。身体が喜ぶ条件を一つひとつ満たしていけば、それに見合った睡眠を得られる環境が整っていく。

最高の脳と身体をつくる睡眠の技術～ベッドまわり編～

■アラームにスマホを使用しない

携帯電話には便利な機能がたくさんあるので、アーミーナイフのようにさまざまな用途で活用している人は多い。アラーム機能もその一つだ。携帯電話をベッド脇に置きたい誘惑にかられたくないなら、本物のアラーム時計を使うようにすればいい。第10章で紹介したような、ブルーライトを抑える機能のついた時計でもいいし、昔ながらのベルが鳴る時計でもいい。なんなら、雄鶏を目覚まし代わりにしたってかまわない。とにかく、不必要な携帯電話の使用はやめよう。

■寝室からテレビをなくす

コミュニケーションの大切さが繰り返し唱えられるようになって久しい。おまけに、どんな理解を得るときも、コミュニケーションが基本となるのが現実だ。寝室からテレビを排除したいが、パートナーが納得してくれるか不安だという人は、相手への思いやりを示しながら本心を話せばいい。テレビをなくすことが大切だと思う理由を説明し、相手が幸せであることも大切だと思っているから、テレビをなくしてもいいか考えてほしいと頼もう。いつもより少し多めに愛情を込めてコミュニケーションをとるだけで、理解を得られることは案外多い（念のため、この本もパートナーにプレゼントしたほうがいい）。

■ベッドの周囲2メートルに電子機器を置かない

テレビ、ステレオ、エアコン、コンピュータ、冷蔵庫といった電化製品は、ベッドから2メートルは離したほうがよい。それが可能な部屋なら最高だが、物理的に無理なこともある。2メートルは無理でも、最善を尽くしてほしい。

ベッドそのものに問題が潜んでいることもある。『サイエンティフィック・アメリカン』誌に次のような記事が掲載されていた。「アメリカのベッドの場合、フレームとボックススプリング（マットレスを置く台）に金属が使われていて、ベッドから周波数が出る。その周波数は、1940年代からFMとテレビの放送で使われている周波数のちょうど半分の長さだ。その周波数によって、マットレスから75センチの高さに最大強度の電磁界が発生し、その電磁界に私たちの身体が包まれる。マットレスの右側で眠れば、身体の左半分は右半分の約2倍の電磁界を浴びることになる」

私たちが眠っているマットレスは、文字どおり電磁界を身体に伝える導体となりうるのだ。いい知らせではないが、怯えることはない。マットレスについては、第15章で改めてとりあげる。いま使っているマットレスが気に入っている人は、電磁界を遮断するカバーをかけるといい。99・7パーセントの電磁界を遮断するものがある。

■寝るときはWi-Fiを切る

自宅のWi-Fiが睡眠や健康に悪影響を及ぼしていないか心配なら、寝るときにWi-Fiを切る習慣を身につけるといい。生物力学の専門家で著作もあるケイティ・ボウマンは、コンセントの電源を切るタイマーを使って自動で切れるようにしている。コンセントにタイマーを差し、タイマーにルーターの電源プラグを差し込んだら、自分の寝る時間に電源が切れるようにセットすれば完了だ。

■スマホはリビングに置いておく

とんでもないと思うかもしれないが、眠っているあいだは携帯電話が違う部屋にあってもまったく問題ない。それで大事な何かを逃すことは、99・999パーセントない。反対に、携帯電話からの通知がなくなり、携帯電話が発する放射線で貴重な睡眠を阻害されることがなくなれば、睡眠の質は間違いなく大きく改善される。眠るときは、携帯電話を自由にしてやろう。まずは1週間試してみてほしい。その間に世界が終わりを迎えるようなことがあれば、私から電話でその旨を知らせるのでご安心を。

CHAPTER13

余分な脂肪を落とす

脂肪過多が睡眠を阻害する

最良の睡眠をとるうえで見過ごされやすいのが、脂肪過多という問題だ。体重が多すぎると内臓や神経系に過剰な負担がかかり、内分泌系を混乱させてしまう。

先にも述べたように、内分泌系（ホルモンをつかさどる器官）は、メラトニン、オキシトシン、コルチゾールといったホルモンを生成するので睡眠との関係が深い。

まずは、太りすぎがコルチゾールに与える影響から見ていこう。コルチゾールは、身体がストレスを感じたときに分泌されるストレスホルモンだ。オーストラリアにあるディーキン大学の研究チームによると、**太りすぎの人は食後にコルチゾールの分泌が大幅に増えるという**。体格に即した体重の人の場合、食後のコルチゾールの増加は5パーセント程度だが、太りすぎや肥満に分類される人は51パーセントも増加したのだ！　コルチゾールがこれだけ増えれば、**血糖値は上昇し、インスリン感受性は低下し、体内の炎症を抑制する力が強くなる（免疫力が低下する）**。

しかも、コルチゾールほど睡眠を阻害するホルモンはない。このホルモンが増えると、身体の正常な機能が損なわれる。食事を何時にとっても関係ない。食事をするたびにストレスホルモンが激増すると思うと、恐ろしくなる。余計な脂肪は絶対に落としたほうがいい。

昔からよく言われる「痩せたいなら夜遅くにものを食べてはいけない」という格言は、そういう意味では正しい。だが、夜遅くに食べること自体が問題なのではない。それが問題となるのは、本気で心配になるほど太りすぎたときだ。以前太っていた私にはわかる。

私には肥満遺伝子がある。子どもの頃、家族のほぼ全員が90キロを超えていた。一時的に太ったのではなく、ずっとその体重だったのだ。私もそのひとりで、肥満遺伝子が増えるとどのような外見になるかは身をもって知っている。背中に痛みを抱えていた学生時代、私の身体はぶよぶよだった。あちこちに痛みがあり、身体に力が入らず、ほんの少し何かをするだけでも一苦労だった。ところが、太っている自分を変えるとすべてが一変した。

体重を落として肥満遺伝子を追いだすと、身体を動かしやすくなるいい遺伝子が体内に増えた。体脂肪率は20パーセントから7パーセントまで落ちた。ひとたび減り始めると、ウソのように脂肪が消えていった。大切なのは、痩せるための行動を起こすこと。それだけなのだ！

私は本物の食べものを食べて積極的に身体を動かし、失った恋人を取り戻したかのように眠る日々を送った。だが、夕食は毎晩遅い時間にとっていた。午後10時頃に食べ、それからすぐにベッドに入った。それなのに、かつてないほどスリムで健康な身体になった。夜遅くに食べたら痩せない、というのは間違いだ。夜遅くに食べたら「脂肪が燃焼しない」といったこともない。痩せるうえで何よりも大切なのは、ホルモンの働きだ。どうやらホルモンがうまく働いていれば、人生もうまくいくようだ。

ホルモンの働きをダイエットで正常化させる

ホルモンは、体内のあらゆる細胞に情報を運ぶ「化学物質のメッセンジャー」だ。

第12章でも話したが、たった一つのデータが欠けるだけで、たった一つの行き違いが生まれるだけで、まったく違う結果を招くことがある。ある言葉を次の人へ耳打ちして伝える伝言ゲームと同じだ。10人目にもなれば、「今夜はスリープをゲットする」が「今夜はシープとデートする」に変わっているかもしれない。

シープ（羊）を数えることがスリープ（睡眠）を意味するとはいえ、羊とデートというのは何とも奇妙な話だし、最初の人が伝えた言葉でもない。これと同じで、自分で意図しなくてもホルモンが間違ったメッセージを伝えれば、あっというまにおかしなことになる。

だから、いまここで覚えてもらいたい。ホルモンが何をするかは、あなた自身が何をするかに大きく影響される。

ホルモンの比率や働きは、年齢とともに変化する。それは自然の摂理だから仕方がない。しかし、私たちが加齢のせいにしてきたことや、年齢に見合う健康として受けとめてきたことは、決してホルモンの影響だけではない。自分自身が何をするかによって、ホルモンの正常な働きを助けるか、その邪魔をするかが決まる。要するに、ホルモンの健全な働きを促すものを食べ、運動をする必要があるということだ。そしてもちろん、ホルモンの働きをつかさどる睡眠の質も高める必要がある。

私が太っていたとき、余分な体重が睡眠の妨げとなっていたのは間違いない。私は身をもってそれを知ったが、専門家も実証している。ジョンズ・ホプキンス大学メディカル・スクールの研究者たちが、睡眠に問題（睡眠時無呼吸、日中の疲労感、不眠症、細切れ睡眠など）を抱える人を対象にある実験を行った。被験者の半数は、監視下でトレーニングをしながら食事制限を行った。残りの半数は食事制限のみ行った。6カ月後、どちらのグループも平均約7キロ体重を落とし、腹部の体脂肪率は15パーセントまで下がった。さらに、どちらのグループもまったく同じように睡眠の質が約20パーセント改善した。このことから、**腹部の脂肪の減少は、睡眠を改善するうえで最適な指標となる**ことが明らかになった。また、たくさんの運動をしなくても、食事を変えるだけで得られる成果が大きく変わることも実証されたと言える。

睡眠障害を克服するダイエット法

太りすぎが影響する睡眠の問題のなかでも、**「睡眠時無呼吸症候群」**はとりわけ顕著な症状だ。これは、眠っているときの呼吸の間隔が開いたり、呼吸が不規則になったりする症状を指す。「無呼吸」と呼ばれる時間は10秒から数分続くこともあり、1時間に5〜30

回以上起こりうるという。基本的に、無呼吸のあいだは呼吸は止まっている。それにより、血圧の異常や脳機能の低下といったさまざまな問題が生じる。

睡眠障害を研究する脳科学者のマーガレット・モリーンは次のように語る。「体重の増加、それも胴体や首周りに脂肪がつくと、呼吸機能が損なわれるため、睡眠の妨げとなる呼吸障害が生じるリスクが増加します」。現在、アメリカ人の1800万人以上が睡眠時無呼吸症候群だと言われている。太りすぎのせいで気官に深刻な負担がかかっている人や、呼吸に問題を抱えている人になると、さらに数百万人多いという。

睡眠時無呼吸症候群の治療と言えば、CPAP（シーパップ）という呼吸補助装置をつけて寝るのが一般的だ。こうした装置があれば、生活がガラリと変わるのは確かだが、一時的に睡眠の質が改善されてエネルギーが得られるようになるだけでは、問題を根本から解決することにはならないのではないか。それに、CPAP装置をつけた姿は、映画『ダークナイト　ライジング』の悪役ベインにしか見えない。それが好きだというのはかまわないが、夜の生活に影を落とすのは必至だ。

症状を改善したところで問題は解決しない。睡眠時に無呼吸を引き起こす、根本的な原因への対処が必要だ。そのためには、本来のシルエットからはみ出したぶんの体重を落とすしかない！　毎年必ず、この問題に苦しめられる人が世界中に大量に発生する。真面目、賢い、意志が固い、といったことは関係ない。意志の固い人に間違った道筋を与えれば、当然間違った目的地にしかたどり着かない。

これこそが、ダイエットのいちばんの問題だと私はとらえている。正確で、安全で、効果の約束された情報があまりにも不足しているのだ。ダイエット産業はドル箱産業だ。ダイエットに奮闘する人がいなければ、ビジネスとして成り立たない。

健康の伝道師を名乗る多くの人々が伝授してきたのは、結局は後退するダイエット手法でしかない。実践すれば一時的に体重が減るので、多くの人がその方法で何度も痩せようとする。求める結果を出そうと懸命に努力しているのに、そういうダイエットを行ったところで、結局は元に戻るどころか、元の体重より増えるケースがほとんどだ。身に覚えがあるなら、いいかげん前に進んで同じ過ちを繰り返さないようにするべきだ。

私から、**誰でも簡単にとりいれられるダイエット法をお教えしよう**。私はこの方法でさまざまな人のダイエットに協力し、合計何百キロもの体重を落とした。しかも、落とした体重の維持に成功している。効果は保証つきだ。ただし、それを実行すると決断するかどうかは、あなたにかかっている。

脂肪をため込もうとするインスリンに注意

カロリーを制限して体重を落とそうとするなら、ワンサイズ大きい服をいますぐ買いに行ったほうがいい。調査によると、**カロリー制限によって落ちた体重の70パーセントは、脂肪のない筋肉組織が失われた結果**だという。第11章で述べたように、筋肉は体内の脂肪を燃焼する装置のようなものなので、ダイエットによって筋肉を失えば、代謝が低下し、じわじわと時間をかけて体重が戻ってくる。

ダイエットと聞くと「体重を落とすこと」だと思いがちだが、そうではない。**本当に落としたいのは、体重ではなく「脂肪」だ。**そして、脂肪を落とすことに関しては、すべてホルモンにかかってくる。

だからといって難しいことはない。体内にため込んである脂肪を燃料に使うホルモンの分泌を促せばいい。

では、どうすれば促せるのか?

まずは、自分の行動が脂肪を燃やしているのか、ためているのか、そのどちらかを理解する必要がある。脂肪の場合、その中間というものは存在しない（禅問答のようだ）。脂肪をため込むホルモンばかりを活動させていては、自動的にダイエットから脱落する。どれほど厳密にカロリーを制限しても無意味だ。

脂肪をため込むホルモンの筆頭がインスリンだ。インスリンは糖尿病に関係するだけのホルモンだと思っているかもしれないが、実は生存のためになくてはならないホルモンの一つでもある（しかも、スイッチの切り方を知らないとどんどん太っていく恐れがある）。だが心配はいらない。**インスリンがいちばん反応するのは糖質だ。**糖質は、パンやパスタや芋類といったでんぷん質の多い食品すべてに含まれるほか、精白糖を使った食品（ケーキ、お菓子、炭酸飲料など）、さらには新鮮な果物といった健康的な食べものにまで含まれている。身体にとっては、どの食品であろうと関係ない。糖質が入ってくれば、インスリンのスイッチが入る。もちろん、オレンジシャーベットより果物のオレンジのほうが、ビタミンやミネラルも含まれるので身体にいいと言えるが、そこに含まれる糖質は、結局は血液内のグルコースに生まれ変わる。

抑えるべきは脂肪ではなく糖質

脂肪を燃焼しやすい身体に変えたいなら、三大栄養素の残りの二つに注目する必要がある。要はタンパク質と脂肪だ。栄養素を中心に扱う『ジャーナル・オブ・ニュートリション』誌に、次のような研究報告が載っていた。132人の被験者（その多くは、メタボリック症候群または2型糖尿病を患っている）を2グループに分け、一方には低糖質の食事、もう一方には低脂肪の食事を6カ月続けてもらった。すると、低糖質グループは平均5・8キロ痩せたのに対し、低脂肪グループは平均1・9キロしか痩せなかった。糖質は少ないが脂肪は多い食事をしたグループが、実質3倍も痩せたのだ！

だからといって、低糖質ダイエットが絶対だと言うつもりはない。それよりも、三大栄養素をとる割合が、自分の代謝システムに適していることのほうが大切だ。かなり単純な話だと思うのだが、このとおりに実践していない人が多いのはいったいなぜか？

私はその理由を目の当たりにしてきた。大学の栄養学の講義で、脂肪を少なめにして糖質をたくさん食べないと、健康な身体と健全な体重は維持できないと口を酸っぱくして言われた。みなさんも聞いたことがあるはずだ。私が大学で教わったのは、実際に痩せる食べ方とは正反対のことだったのだ。ちなみに、教授たちはみな太っていた。私が一緒に仕事をした健康の専門家のなかにも、太っている人はたくさんいる。誤解しないでもらいたいが、彼らはみな素晴らしい人たちだ。自らに間違ったことを教えたものの、みな頭がよくて優秀だ。そういう人が間違ったことを正しいこととして覚えると、間違ったことでの達人になりかねない。今日の健康や栄養に関する教育は、私の学生時代とはまったく違う。おかしなダイエットが推奨されていた理由については、あまり気にしないほうがいい。正しい情報を得て、それを自分に活用することのほうがずっと大切だ。

脂肪の摂取は制限しないほうがいい

食べる脂肪は、脳や神経系、内分泌系を正常に動かすうえで欠かせない存在だ。それなのに評判が悪いのは、単純に呼び名のせいだろう。「脂肪」という響きのせいで、食べれば身体が脂肪まみれになるという考え方が定着したのだ。だがそういう考え方は、ブルーベリーばかり食べていると身体が青くなると信じるようなものだ。青い妖精のスマーフを否定するつもりはないが、身体はそういうふうにはできていない。

食べる脂肪は、「エネルギー」という呼び名のほうがふさわしい。脂肪がいちばん多く含まれるのは神経膜で、とくに脳内に多い。脳の大部分は脂肪でできているので、脂肪がいちばん大きな顔をしているのだ！　脂肪は神経線維を覆って絶縁体のような役割を果たす。脳内で神経線維を覆うミエリンも脂肪であり、基本的にこれのおかげで、何をするのも速くできるのだ。三大栄養素の呼び名を、**「タンパク質、糖質、エネルギー」**と改めれば、良質な脂肪の大切さが広く伝わるようになるのではないか。

体重を落としたいなら、タンパク質と良質な脂肪を多めにとるとよい。そうすれば、膵臓がインスリンに代わってグルカゴンを多く生成できるようになる。グルカゴンが分泌されると、体内にため込んである脂肪酸が燃料に変わる。脂肪を落とすことが目標なら、グルカゴンの活用は不可欠だ。

私たちの身体は一人ひとり違う。自分のダイエットに何が効果的で何がそうでないかを知るには、自分と同じ身体の人はひとりもいないと認識することが何よりも大切だ。とはいえ、誰もが気をつけるべきことというのはやはりある。身体は違っても同じ人間だ。人間に共通して不可欠なものがある。

三大栄養素以外にも気を配ろう

理想的な体型の話になると、三大栄養素のことばかり話題にのぼり、ほかの素晴らしい栄養素が見落とされることが多い。ほかの栄養素とは、ビタミン、ミネラル、微量元素、植物性栄養素、酵素などで、これらには身体の機能を最大限に高める効果がある。たとえば、マグネシウムといったメジャーでない微量栄養素が体内で不足すると、三大栄養素にどれだけ気をつけていても過食を招く恐れがある。

それに、微量栄養素はホルモンが正常に機能するうえでも欠かせない。先にも述べたように、脂肪をなくせるかどうかはホルモンにかかっている！　微量栄養素が豊富な食事をとれば、レプチン（満腹を伝えるホルモン）の分泌が活発になるので、バランスのとれた健康な身体と、体内の正常な働きを保つことができる。こういう食事は、ダイエットで言われている食事とは正反対だ。たいていのダイエット手法はカロリーを制限し、微量栄養素が入っていないシェークやバー、カロリーオフの食品の摂取を推奨する。

市販の「身体に優しい」クッキーが、1袋でわずか200キロカロリーだろうと関係ない。そのカロリーを構成しているものは何で、ホルモンにどう作用するのか？　断言しよう。そういう食品は基本的に、ホルモンに致命的なダメージを与える。

では、微量栄養素をしっかりとるには何を食べればいいのか？

簡単だ。本物の食べものを食べればいい！

誰でも簡単にとりいれられるダイエット法を紹介すると約束したが、本物の食べものかどうかを見極めるのは難しいかもしれない。そこで、見極めるコツを一覧にまとめた。

本物の食べものかどうかを判断するときは、次のことを考慮するとよい。

・ひと目見て原料が何かわからないものは、本物の食べものではない可能性が高い（ベーグルの姿には、原料の小麦の姿の欠片もない）
・ドライブスルーの窓口から出てくるものは、本物の食べものではない可能性が高い
・原材料の数が4～5種類以上のものは、本物の食べものではない可能性が高い
・原材料の表示が義務づけられているものは、本物の食べものではない可能性が高い
・おまけや特典がついてくるものは、本物の食べものではない可能性が高い

要するに、なりたい身体を手にしたいなら、自然に帰れということだ。遺伝子が食べてほしいと期待する食べものは決まっている。本物の食べものを食べ、賢く運動することを身体に覚えさせれば、身体があずかる恩恵は計り知れないものとなる。

睡眠不足が肥満の原因になる

太りすぎや肥満は、睡眠の問題を引き起こす。その一方で、睡眠に問題があるせいで肥満を招くこともある。

スタンフォード大学が、寝不足になると体内のレプチンが大幅に減少するという調査結

果を発表した。レプチンは満腹を教えてくれるホルモンだと言われている。食欲を制御するという重要な役割を担っているからだ。食べるべきでないとわかっていても、疲れているときや寝不足のときは誘惑に負けやすい。

肉体的にも精神的にも疲れていると、脳はすべての機能を基準値に保とうとして、追加のカロリーを探し始める。素早く手軽にカロリーを吸収できるのは、ポテトチップスやクッキー、アイスクリームといった子どもが喜ぶ食べものだと脳は知っていて、なぜか突然そうした食べものの誘惑に抵抗できなくなる。こうなるともう、意志の問題ではない。人間の生存本能の問題であり、話はさらにややこしくなっていく。

睡眠不足になると、脳の「優先順位づけ」の機能が低下し、人間の脳にいちばん古くから備わっている部位が過剰に反応するという。カリフォルニア大学バークレー校で撮影された脳画像スキャンから、睡眠不足のときは扁桃体の活動が活発になることが明らかになった。扁桃体は食欲をつかさどる部位だ。感情の影響を受けやすく敏感で、生存を何よりも優先する。この部位が活発に動くと、疲れてお腹が空いた状態になる。そのせいか、脳画像をスキャンされた被験者は、身体のためとは言えない食べものを好んで選んだ。

扁桃体の活動が活発になる反面、前頭皮質と島皮質の活動は抑制される。この二つは、進化、自制、合理的な意思決定に関係が深い部位だ。睡眠不足によってこうした変化が起これば、その先には確実に苦労と失敗が待ち受ける。

それは、意志の力ではどうにもならない。優秀で意志が強いのにダイエットに失敗する人が大勢いるのは、無意識のうちに意志に抗う状態に身体がとらわれているからだ。睡眠不足になると、あなたの内に潜む超人ハルクに脳をのっとられてしまい、絶対にしないと自分に誓ったことへの誘惑に抗えなくなる。疲れてお腹が空いた状態の人には、自分が食われたいなら別だが、決して近づかないほうがいい。

過去のダイエットの失敗は、本当に自分自身のせいなのか？　自分に言い訳を許さない限り、本当の意味で失敗したとは言えない。仮に自分のせいで失敗したとしても、脳をのっとられたことに気づいていなかったのなら仕方がない。とはいえ、身体にどのような変化が起こるかがわかったのだから、今後は自分が望む状態になることを意識的に行って、二度と失敗しないようにしてほしい。

シカゴ大学医学部教授のイヴ・ヴァン・カウターは、睡眠不足のことを「肥満の生みの親」と呼ぶ。睡眠不足になると、インスリン感受性の低下、ホルモンサイクルの乱れ、脳の機能の低下が起こることを思えば、彼女の意見は100パーセント正しいと言える。これからは、どんな言い訳も許さずに、身体が求めている睡眠をしっかりととろう。そうすれば、今度こそ本当に痩せて、本来あるべき体型と健康が手に入る。

最高の脳と身体をつくる睡眠の技術〜食事編〜

■夜食は高脂肪かつ低糖質のものに

寝る間際にどうしても何かを食べるときは、高脂肪かつ低糖質なものを選ぶとよい。そうすれば、血糖値の変動を招かずにすむ。糖質の多いものを寝る前に食べれば、血糖値は跳ねあがる。その後急激に下がり始めるので、眠気が吹き飛んでしまう。だから、「夜食」を食べれば目が覚めるという認識が広まっているのだ。冷蔵庫内にライトをつけることになったのも、きっとこれが理由なのだろう。

ぐっすりと眠りたいなら、寝る間際にものを食べるのはとても危険だ。コルチゾールが増えることを思えば、太りすぎの人はとくに気をつける必要がある。ベッドに入るのは、食後から最低でも90分たってからにしよう。あける時間は長いほどいい。この場合もやはり、糖質の多いものを食べたときほど注意が必要だ。糖質をとってすぐに寝ると、眠っているあいだに低血糖状態に襲われることがある。そうなると、深い眠りの段階から引き戻されるので、深い眠りを得るのが難しくなる。

誤解しないでもらいたいが、糖質そのものが悪だと言っているのではない。とるタイミングで影響がまったく変わると言いたいのだ。人間の栄養と臨床栄養学の研究に特化した『AJCN』誌によると、消化吸収されやすい糖質を多く含むものでも、寝る4時間前に食べた人は寝つきが早かったという。一日しっかりと働き、運動し、家族や友人とのひとときを過ごした後、微量栄養素もしっかりとるなら、夕食に糖質の多いものを食べても問題ない。血糖値が安定するまでの時間を考慮して、夕食をとる時間帯を早めればいい。

■満腹ホルモン「レプチン」の働きを高める

栄養不足は根深い過食を招く（ひいては、睡眠と健康も阻害される）。このことを、つねに頭に置いていてほしい。

恐ろしいことに、いまはカロリーに気をとられすぎて栄養不足になっている人が本当に多い。いつも食べすぎてしまうという人は、おそらく身体が栄養を求めている。私たちの脳や器官や細胞は、「生存」という唯一無二の目的のために動いている。脳と器官は絶えず、栄養素に関する情報をやりとりしている。それが自らの活動や再生に必要となるからだ。身体が空腹を訴えるかどうかは視床下部が決める。といっても、「おい、カリウム、ビタミンB12、銅、マグネシウム、シリカがすぐに必要だ！」というように、足りない栄養素を叫ぶことが空腹のサインとなるのだ。すると、体内にドーナツとコーヒーが入ってくる。だがそれでは、微量栄養素的にはマイナス82点だ。

なぜマイナスになるかというと、身体に必要なものがとれなかっただけではなく、体内に入ってきた食べものもどきを処理するために、体内の資源が実際に減ってしまったからだ。コーヒーから抗酸化物質をいくらか摂取したとはいえ、ドーナツが入ってきたことで体内に生じるフリーラジカルの活動はとても抑えられない。

そうなると、無限の知性を備えた私たちの身体は何をするか？　再び空腹の警告を鳴らす。今度は先ほどの栄養素に加えて、カルシウム、セレニウム、リコピン、ビタミンCも必要だ。そうして空腹を覚えると、サンドイッチとポテトチップスを体内に取り込む。これが延々と繰り返されるというわけだ。こういう食べものばかりとっている人は、つねに空腹感に襲われてどんどん食べる。いつまでたっても空腹を止めるボタンが見つからない。身体がこういう状態のときこそ、賢く眠って本物の食べものを食べて、流れを変えるのだ。

睡眠の質を高めれば、レプチンの働きを高めることになる。そして、微量栄養素が豊富なものを食べるように心がけていれば（楽しみで食べるぶんのお腹は少し空けておいてもいい）、体内でレプチンが生成され、空腹を訴える最初の原因となった足りない栄養素も満たされていく。そうすれば、空腹との闘いはあなたの勝利となる。

■インスリンを抑える朝食メニュー

一日の最初の食事を最高のものにしよう。賢く食べることから一日をスタートさせるのだ。いまは、デザートやおやつのようなものを朝食にとることが当たり前になっている。オートミール、トースト、パンケーキ、ベーグル、シリアル、果物のスムージー……。こういう食べもので一日が始まると、血糖値が急激に上昇するうえ、脂肪をため込む一日になってしまう。

長期にわたって脂肪をつけないための最大の秘訣を教えよう。脂肪をため込みたくないなら、午前中はインスリンを低く抑える。朝食は、本物の食べものやスーパーフードを食べ、良質な脂肪のサプリをとるのに最適だ。なにしろ、自宅の冷蔵庫やパントリーがすぐそばにある。野菜を入れたオムレツに、アボカドのスライスに昆布の粉末をふりかけたものを食べ、オメガ3脂肪酸のサプリを朝食としてとれば、一日の始まりからホルモンが健全に活動できるようになる。

よくない朝食の例にスムージーをあげたが、スムージーを否定するつもりはない。脂肪を落としたいと思っている人は、フルーツの量を最小限に抑えるといい（砂糖をまぶしたドーナツを食べるくらいならスムージーのほうがいいが、気をつけないとインスリンが急増する）。スムージーをつくるなら、葉野菜を中心としたグリーンスムージーにするといい。ブレンダーにホウレンソウなどの葉野菜を「これでもか！」というくらい詰め込んで、ベリーを少々にプロテインパウダー、アーモンドバター、純正のカカオパウダー、シナモン、無糖のアーモンドミルクを足す。もう少し甘みが欲しければ、小さいバナナを半分かステビアを足してもいい。葉野菜と微量栄養素をたっぷりとれば、インスリンの反応を最小限に抑えられる。

グリーンスムージーもいいが、最高の朝食は、タンパク質（タマゴ、ステーキ、サケなど）、野菜（火を通しても生でもどちらでもよい）、良質な脂肪（アボカド、ココナッツ、オリーブ、ナッツなど）をとる食事だ。ジョニー・デップ扮するウィリー・ウォンカがつくるようなお菓子で朝食をすませるのは今日で終わりだ。脂肪を本気で落としたいなら、健康的な朝食に対する認識をこの場で改めて、脂肪をため込む身体から脂肪を燃やす身体へつくり変えよう。

栄養をしっかりととること、ホルモンの機能を最適な状態に保つこと、扁桃体ののっとりを防ぐことは、どれも身体と睡眠を改善するためには欠かせない。そして、最高の睡眠を得るためには、摂取の仕方に注意を払う必要のあるカテゴリーがもう一つある。それについては次の章で詳しく見ていくとしよう。

CHAPTER 14

快眠をもたらす最高の飲酒法

アルコールはレム睡眠を阻害する

眠っているあいだ、人は実際に賢くなっているということをご存じだろうか？　睡眠には貴重な役割がたくさんあるが、**「記憶の整理」**と呼ばれる働きの凄さにスポットがあてられることはあまりない。これは、時間の経過とともに忘れてしまう「短期記憶」や経験を、一度入ったら消えることのない長期記憶に変える働きを意味する。

記憶の整理は、睡眠中に複数回訪れるレム睡眠の影響を強く受ける。レム睡眠を十分にとれていればいいが、そこに邪魔が入ると、記憶と健康が被害を被ることになる。

アルコールを夜に飲むと寝つきが早くなることは、研究で実証されている。これはいい話だが、残念ながら、**アルコールはレム睡眠を大きく阻害することも明らかになっている。**レム睡眠の段階に入り込むことも、レム睡眠の周期が安定して訪れることもなくなるので、脳と身体の完全な回復は見込めない。だから、アルコールが残った状態で眠った翌朝は、目覚めても気分がすっきりしない。

これはもはや周知の事実であり、世間では「二日酔い」という言葉がすっかり定着している。二日酔いを題材にした映画『ハングオーバー！』では、朝目覚めた主人公が（アルコールの影響で記憶の整理ができなかったせいで）前日のことを何も覚えておらず、騒動が起こる。映画なので話の展開は現実離れしているが、朝起きたら顔に新しいタトゥーが入れてあったということは現実にあってもおかしくない。

飲酒は睡眠恒常性を狂わせる

ミズーリ大学の調査によると、アルコールが睡眠を阻害するのは疲労と覚醒のバランスが狂うからだという。このバランスのことを「睡眠恒常性（ホメオスタシス）」と呼ぶ。

恒常性とは基本的に、体内の安定性を維持する能力のことを指す。先にも述べたよう

健全な睡眠パターンとアルコールが残った状態の睡眠パターンの違い

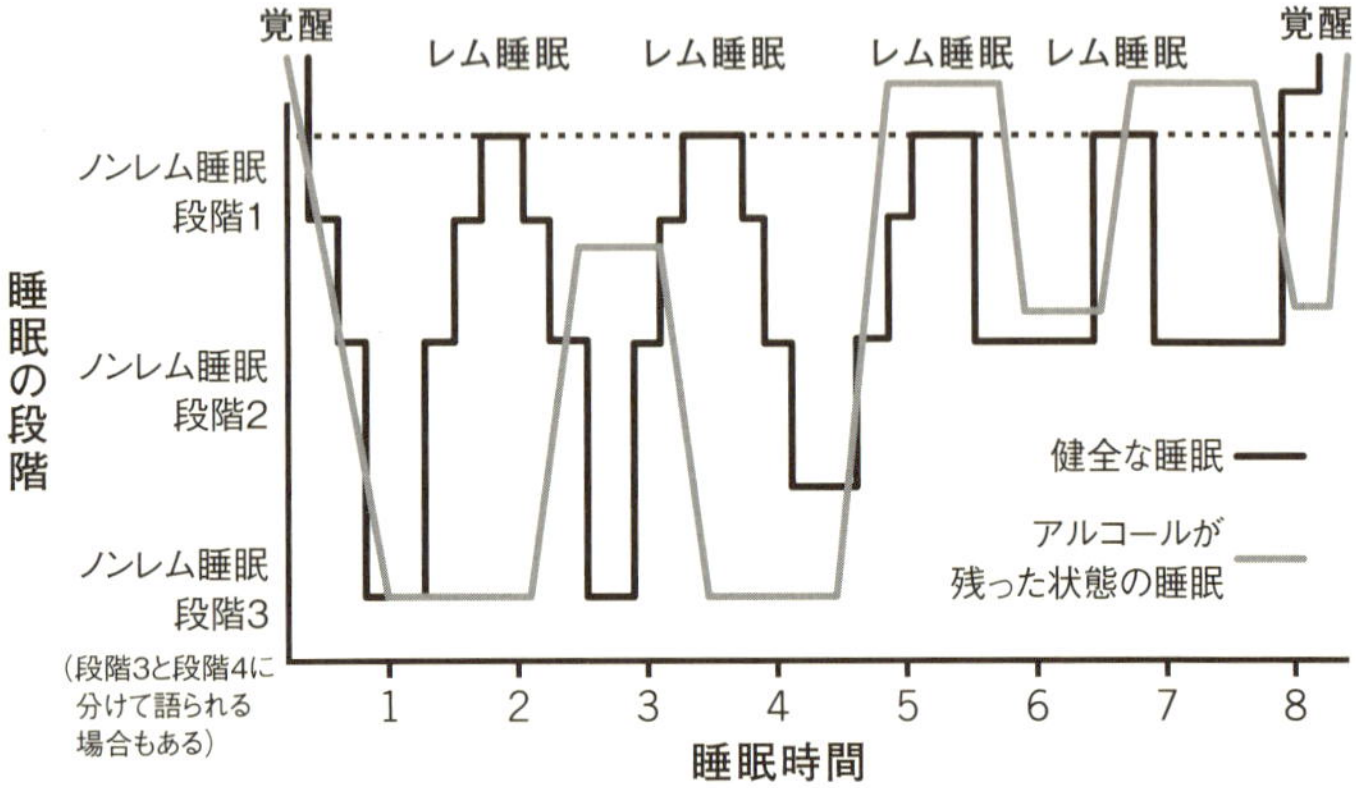

に、睡眠不足になると、簡単には返せない「睡眠負債」ができる。この借金を返して睡眠を得られる身体にするにはどうすればいいのか。そのカギを握るのは、第4章でとりあげたアデノシンだ。そのときにも述べたように、アデノシンが増えると眠りにつきやすくなるが、アデノシンによく似たカフェインにはせっかく生まれかけた眠気を遮断する力がある。だから、カフェインをとると眠くなってもそうと自覚できない。

　アデノシンはアルコールの作用にも大きく関係していて、眠気を催させたり、身体の動きを鈍くさせたりする。調査によると、脳内のアデノシンに変化の兆しがあるときは、アルコール依存と睡眠障害の両方が関係するという。アルコールには、アデノシンの細胞外濃度を高める働きがある。その結果、眠気を催し、眠いと自覚するのだ（アルコールの量によってはみだらな気持ちになり、その自覚も生まれる）。

アルコールによってアデノシンの力が不自然に高まると、睡眠恒常性が狂い、身体はそれを元に戻そうと必死になる。図を見てわかるように、寝る間際に飲酒すると、眠り始めた最初の段階で通常のレム睡眠よりはるかに深い眠りとなり、その後通常のレム睡眠よりさらに眠りの浅い「リバウンド効果によるレム睡眠」がやってくるので、身体はそうした異常事態を何とか収めようとする。そういう眠りしか得られなければ、目覚めたときにはきっと、片割れをなくした靴下のような気分になる。それも、古くて臭くて、趣味の悪い色の靴下だ。眠ったことは眠ったが、良質な睡眠をとるのと、酔っ払って気を失って寝るのとではずいぶん違う。

酔っ払って寝る行為を当たり前に続けていると、深刻な問題が生じることがある。ミズーリ州セントルイスにある私立ワシントン大学の研究チームが睡眠サイクルの乱れている人を対象に調査したところ、正常なサイクルで眠っている人に比べてアルツハイマー病に関係する兆候が多く現れることが明らかになった。これもまた、睡眠の量より質を重んじるべき理由の一つだ。睡眠の質を下げることや、脳の機能を損なうことは、絶対に避けたほうがいい。

アルコールは女性のほうが悪影響が出やすい

夜の飲酒は、女性にとってはなおさら危険だ。それを示す有力な証拠がある。アルコール依存とその治療に特化した『アルコホリズム：クリニカル・アンド・エクスペリメンタル・リサーチ』誌に、実験という名のもとで被験者に飲酒してもらった研究が掲載されていた。その実験では男女を問わず被験者全員が体重に応じた量の酒を飲み、全員が等しく酔った（アルコール量は呼気による検知器で測定された）。すると、男性に比べて女性の被験者のほうが夜中に何度も目が覚め、目覚めている時間が長く、トータルの睡眠時間が短かった。女子会に参加してショットグラスを次々に空けるつもりでいる人は、この結果を気にかけたほうがいい。

アルコールの影響が女性のほうの睡眠に強く現れるのは、おそらく、アルコールを代謝するスピードが男性に比べて速いからだろう。基本的に女性のほうが、アルコールの鎮静作用のまわりが早い。だから、女性が寝る間際にお酒を飲めば、寝つきは早いかもしれないが、睡眠の段階の進み方が乱れる確率はかなり高くなると言える。場合によっては、汗をかく、不安に襲われる、悪夢を見る（これはレム睡眠段階を得られればの話だが）といったこともありうる。

女性への影響が強いからといって、男性諸君も安心はできない。また、女性にお酒を楽しむなと言うつもりもない。夜遅くにお酒を飲めば、何らかの形で必ず身体に影響が出る。この事実を踏まえたうえで、自分に必要な睡眠を得られるようになってほしい。

飲酒したら寝る前にトイレに行く

寝る前にお酒を飲めば、排尿衝動が生じる。当然、これも睡眠を阻害する。膀胱を開放したくなって起きあがれば、睡眠のリズムは乱れる。おしっこをすれば、どうしたって目が覚めてしまう。

アルコールが残った状態で眠り、途中で目が覚めると、身体の回復に必要な睡眠の段階になかなか戻れない。寝る間際にお酒を飲むなら、ベッドに入る前にトイレに行く時間をたっぷりとることを忘れないでほしい。

また、寝る間際の飲酒は、いま抱えている身体の問題を悪化させる恐れもある。前立腺や膀胱の問題が当然真っ先に思い浮かぶが、睡眠障害に関する病気についてはどうか？

睡眠時無呼吸症候群の人は、飲酒に注意が必要だ。睡眠障害を専門に研究する、ケース・ウェスタン・リザーブ大学クリーヴランド・クリニック・メディカル・スクールで准教授を務めるリーナ・メーラは、アルコールは上気道内の筋肉の正常な緊張を阻害すると主張する。つまり、お酒を数杯飲むと、眠っているときの呼吸に問題が発生するリスクが高まるのだ。睡眠時無呼吸の問題を抱えている人がお酒を飲むと、眠っているときに呼吸が止まる頻度が増え、止まっている時間が長くなる可能性が高い。飲酒と睡眠時無呼吸のちゃんぽんは、命を脅かす副作用が生じる確率を激増させる。飲酒にそれだけの価値があるのか、しっかりと考えたほうがいい。

第13章で述べたように、睡眠の問題を根本から解決したいなら、余分な体重を落として睡眠時に呼吸が止まらなくなるようにし、睡眠の質を改善するしかない。お酒を飲めば、どうしたって腹まわりに脂肪がつくので、ダイエット中は当然飲まないに越したことはない。今後、友人と飲みに出かけて楽しいひとときを過ごしてはいけないのか？　もちろん、そんなことはない！　寝る3時間前には飲酒をやめたいが友人と飲みにも行きたいという人は、深夜まで飲み歩くのではなく、夕方のハッピーアワーを存分に活用すればいい。

優先順位を決めたうえで、自分にとっていちばん大切なことにきちんと取り組むのだ。**睡眠を完璧にしたいと思っているなら、禁酒する時間帯を決めて、寝る数時間前には確実**

にアルコールが身体から抜けるようにしよう。そうすれば、友人や家族と過ごす時間がますます充実したものとなる。また、お酒を飲むときは水をたくさん飲むとよい。アルコールがあっというまに血液中に吸収されるのは、アルコールが液体だからでもある。アルコールの影響を早めに消したいなら、水をたくさん飲んでアルコールの代謝で生じた老廃物の残りを洗い流せばいい。

アルコールには利尿作用もある。体内から水分を追いだそうとするので、脱水症状になるリスクが高まる。お酒を飲むと、その種類にかかわらず、飲んだ4倍近くの水分が身体から失われる。脱水症状は、二日酔いになったときの吐き気といった不快な症状が現れる一因でもある。

脱水症状からできるだけ早く回復するにはどうすればいいか。ワインの専門家であるアンソニー・ジリオは、お酒を1杯飲むたびに230cc程度の水を飲むとよいと言っている。

睡眠不足時のパフォーマンスは酩酊状態と同レベル

アルコールと睡眠不足の共通点は、道路に出たときにも現れる。イリノイ州エヴァンストンにあるノースショア・スリープ・メディスン・クリニックを創設したリサ・シーヴスは、次のように語る。「車の運転中に眠気に襲われると、飲酒したとき並みに運転能力が低下すると実証する研究はたくさんあります。具体的に言うと、20時間寝ていない状態で車を運転すれば、アルコールの血中濃度が0・08パーセントの人と同等のレベルまで運転技術が下がります。この血中濃度は、アメリカ全土で飲酒運転とみなされる数値です」

眠気に襲われたらどうなるか。頭がふらつき、だんだん周りを意識できなくなり、目を開けていられないほどまぶたが重くなる。そんな状態で、重量1・8トンの車両を法定速度で運転しろと言われたらどうか。運転したいとは思えないはずだ。というよりも、運転すべきでない。

アメリカ運輸省道路交通安全局は、警察に毎年報告される交通事故のうちの10万件は、疲労や眠気が直接的な原因だと考えている。この数字はむしろ控えめだ。アルコール濃度と違い、眠気は客観的に判断しづらい。

飲酒運転の懸念は世界的に広がっていて、あまりにも多くの命がその犠牲になっている。このことから、飲酒運転を防ぐという意識が育ち、その防止のためのさまざまな対策が生まれている。しかし、極端な疲労を抱えての運転に反対している人はいるだろうか？

アメリカ睡眠財団が行った調査によると、前年に車を運転中に眠気を感じたことがあると認めたドライバーは60パーセントで、運転中に居眠りしたことがあると白状したドライバーは37パーセントだという。これ以上に危険なことがあるだろうか！　疲れて居眠り運転したドライバーが起こした事故の場合、事故を避けようとしたタイヤ痕が残っていないことが多い。また、ドライバーが助からないことも多いので、そのほとんどは何が起きたかわからずじまいのままだ。

交通安全を推進するＡＡＡ財団が実施した調査でも、死亡者が出た交通事故の6分の1（17パーセント）は眠気を催した運転手に責任があることが明らかになっている。しかし、睡眠不足状態での運転は社会的に受けいれられているため、飲酒運転については冷ややかな目を向ける割に、睡眠不足が原因といったデータを前にしても、どこか信じがたいような気がする。そうは言っても、疲れた状態での運転が本当に危険なら、そうした信じがたい気持ちを打ち破る必要がある。ディスカバリーチャンネルの『怪しい伝説』という番組で実施された、飲酒状態と疲れた状態での運転を比較する実験を紹介しよう。

この実験は、レギュラー出演者のトリー・ベレッチィとキャリー・バイロンが2種類のコースを実際に運転するというものだった。一つはまちなかを走る状況を想定したコースで、もう一つは高速道路のように単調なコース（このコースを25周する）だ。2種類のコースを設けたのは、運転中に注意がそれる頻度についても検証するためだ。

実験は、コースとする道路を封鎖し、警察官の立会いのもとで行われた。さまざまな実験を行う番組として知られるが、この実験はもっとも危険なものだったという。トリーとキャリーは、法律すれすれの0・07パーセント未満のアルコール血中濃度になる程度に飲酒し、ほろ酔い状態で2種類のコースを運転した。こうして基準となる飲酒状態での運転を終えると、今度は疲れた状態で運転するために、30時間起きっぱなしでいることになった。徹夜明けの状態で、ふたりは再度同じコースを運転した。そうして出た結果は本当に驚くべきものだった。

ほろ酔い状態での運転に比べて、睡眠不足状態だったトリーの運転は10倍ひどく、キャリーの運転は3倍ミスが多かった(キャリーの運転はほろ酔い状態のときも怪しかったが、睡眠不足状態ではそれ以上にひどかった)。この実験はかなりひどい睡眠不足状態で行われたが、1トン以上ある乗り物を運転するのに、その能力が損なわれるくらい疲れた状態で運転した経験は、あなたにもあるのではないか?

この例をあげたのは、疲れているときに運転してはいけないという警告を伝えたかったからだ。そして、睡眠不足状態で行われている恐れのある仕事に何があるか、考えてみてもらいたい。道路や橋の建設、外科手術、食品や水質の検査、バスやタクシーの運転など、数えあげたらきりがない。自分を顧みずに睡眠を犠牲にしていると、自分自身はもちろん、自分以外の人にまで危険が及ぶ恐れがある。

身体をしっかり休めて回復させるような寝方をすれば、危険がつきまとう状態で運転せずにすむ。とはいえ、やむをえない事情が発生することはある。疲れている状態でどうしても運転しないといけないときは、強い眠気を感じたらすぐに車を停めること。リサ・シーヴスは、「安全な場所に車を停めて、10～20分仮眠をとってください。短い仮眠をとると、その後の注意力が向上し、運転もよくなることがわかっています」と言っている。睡眠研究の専門家は、夜遅くに長距離を走るときは同乗者がいたほうがいいともアドバイスしている。また、アメリカ睡眠財団は、長距離の運転では2時間おきの休憩を推奨している。

この章を通じて、自分自身の行動を振り返ってほしい。車の運転や飲酒は、当たり前に行っている人がほとんどだ。この二つを同時にしてはいけないということは、誰もが知っている。それは、飲酒と睡眠、睡眠不足と運転にもあてはまる。もちろん、友人や家族と一緒に楽しい時間を二度と過ごせなくなるわけではない。健康な状態で一日の終わりを迎えられるように、考えて行動しよう。

CHAPTER 15

最高の睡眠は寝るときの姿勢で決まる

寝るときの姿勢は身体のすべてに影響する

寝ているときの姿勢のことまで語る必要があるのか、と驚くかもしれない。姿勢といっても、お尻を下にしてベッドに身体を預けたら、あとは勝手に決まると思っている人がほとんどだろう。寝ているときの姿勢が大切だとは、なかなか思わない。長いあいだ自然にやっていることだから、そう思うのも無理はない。

だが、寝ているときの姿勢は大切だ。それも、かなり重要だと言っていい。

寝ているときの姿勢はさまざまなことに影響する。ごく一部を紹介しよう。

寝ているときに多い姿勢

胎児　丸太　切望　戦士　落下　ヒトデ

・脳への血流
・背骨の安定性
・ホルモンの生成
・関節や靭帯の状態
・酸素を取り込む量や呼吸の具合
・筋肉の働きと回復
・心臓の働きと血圧
・消化と細胞の代謝

寝ているときの姿勢が身体の働きや回復の妨げになれば、何時間寝たところで、子どもたちに奪い合いされた人形のような気分で目覚めることになる。

寝ているときは、背骨を安定させる姿勢をとることが大切だ。優秀なカイロプラクターなら、背骨を走る中枢神経が体内の主要器官のすべてに直接つながっていることを教えてくれる。背骨が変に歪んで脳と身体の情報のやりとりが途切れれば、深刻な問題が慢性的に現れかねない。また、そういう問題のなかには、睡眠に悪影響を及ぼす根源となりうるものもある。

寝るときの姿勢にはいろいろあり、人はお気に入りの姿勢でぐっすり眠ろうとする。ヒトデのポーズ、落下のポーズ、戦士のポーズなど、ベッドで心地よいと感じる姿勢はたくさんある。

いろいろな姿勢があるといっても、実際に寝ているときにとる姿勢は一つか二つに落ち着く。図を見て自分がどの姿勢をとろうとするか、確認してみてほしい。

図のポーズはあくまでも基本形であり、さまざまなバリエーションが存在する。ここからは、仰向け、うつぶせ、横向きとさらに分類を絞り、それぞれのベストの姿勢について見ていくことにしよう。

仰向けが最良の寝る姿勢

専門家にどういう姿勢で寝るのが理想かと尋ねると、仰向けで寝るのがよいという答えが大半だろう。その裏づけとなる理由がいくつかある。まず、背骨にとって最適な姿勢は仰向けだ（厳密には気をつけるべきことがいくつかあるが、それは追って説明する）。仰向けで寝れば、胃酸の逆流といった消化管のトラブルも起きにくくなる。また、美容に関心の高い人にとっても、仰向けなら顔の肌呼吸が遮られないので、吹き出物やシワが現れにくくなるというメリットがある。

その反面、仰向けで寝ると、いびきや睡眠時無呼吸を招くリスクが増大する。重力で舌の根本が下がって気道を塞いでしまい、正常な呼吸がしづらくなるのだ。また、仰向けになると喉の力がどうしても弱まるので、眠っているあいだに喉が閉じやすくなる。骨格の割に脂肪が多すぎても、第13章で述べたように、喉の周りについた脂肪のせいで空気を正常に取り込めなくなる恐れがある。こういう問題を抱えている人は、余分な脂肪を落とし、仰向けではない姿勢で寝るほうがいい。

仰向けは、公正に見るともっとも正しい選択だ。とはいえ、いちばん快適な姿勢とは言い難い。背骨にとって安心な姿勢なのは間違いないが、次のような間違いを犯していると、睡眠にとって最高の姿勢とはならない。

■枕が高いと背骨に悪い

ベッドを枕でいっぱいにして寝ている人がいる。飾りとして枕をいくつも置くのはかまわないが、寝るときにその全部を使う必要はない。仰向けに頭を乗せた枕が高すぎると、背骨の自然なカーブが歪んでしまう。そうすると、首や背中、頭に痛みが生じたり、もっとひどいことになったりする。また、枕という高い山を越えないといけないので、脳への血流も一晩中悪いままだ。

眠っているときは、頭があまり高くならないのが自然な姿勢だ。眠っているときは唯一、脳へ向かって血液を必死に送り上げなくてもいい時間である。枕が高くないと眠れないという人は、いますぐその習慣を改めてほしい。高い枕は、背中にも脳にも悪い。

■くたびれたマットレスはNG

真面目な話、くたびれたマットレスで寝るくらいなら、床で寝るほうがはるかにマシだ。マットレスは本来、身体を支えるものだ。床のように支えが強すぎてもいけないし、ふわふわで支えが弱すぎてもいけない。だからといって、世界一のマットレスまでは必要ない。身体がマットレスに沈んだときに背骨の自然なカーブが歪まなければいい。マットレスについてはのちほど詳しくとりあげる。

うつぶせで寝るときは身体をまっすぐにしない

お腹を下にするうつぶせ寝は、かつては赤ん坊の寝姿の代名詞だった。しかし、時代とともに好き嫌いがわかれ、いまなお議論を呼んでいる。子どもの発達について研究したバツラフ・ボイタ博士は、赤ん坊のようにうつぶせになることは人間の発達に絶対に欠かせないと述べている。彼は50年にわたる研究の末、圧迫すると赤ん坊の神経系が「活発に動く」部位が複数あることを発見した。その部位は、身体を少し動かせる状態でうつぶせになったときに圧迫される。だから、子どもは自然にその姿勢をとるのだろう。

大人になっても、うつぶせの姿勢になると心地よく安心できるという人は多い。うつぶせにもさまざまなメリットとデメリットがあるので、うつぶせで寝る人は正しい姿勢のとり方を実践してほしい。

顔からうつぶせになって手足をまっすぐに伸ばすのは、やめたほうがいい。それでは腰椎の自然なカーブが損なわれるので、背中が痛くなる。しかも、向きを変えないまま何時間も枕に頭を預けていれば、深刻なトラブルが生じることになる。

その一方で、明るい知らせもある。**うつぶせで寝ると気道が広がった状態になるので、**

小さないびきや睡眠時無呼吸の症状の一部を防ぐことができるという。ただし、うつぶせで寝るときは、次のことを守る必要がある。

■膝を横に出す

まっすぐ伸ばした足のどちらか一方の膝を横に出して股関節を開き、背骨にかかる負担を軽くする。

■頭を枕にのせない

うつぶせで寝るときに、枕は必要ない。枕を使うと、一晩中首を過剰に伸ばすことになる。こんなバカげた話はない。一日中空を見あげながら歩くのと同じだ。そんなことをすれば、頭がおかしいと思われるばかりか、首を痛めることにもなる。

■小さい枕をお腹の下に入れる

固めの小さい枕をお腹や股関節まわりの下に入れると、腰や首への負担が軽くなる。また、膝を横に出したほうの股関節まわりの快適な位置に枕を挟んだほうが、身体に優しい姿勢になる。

横向きで寝るときのコツ

横向きで寝るのが好きだという人は多い。それにはちゃんとした理由がある。人間の身体は、母親の子宮で眠っているときに集中して発達する。そのときの、身体を横向きにして丸める姿勢は「胎児のポーズ」と呼ばれる。だから寝るときに自然と、発達を促す胎児のポーズにならって横向きになるのだ。

仰向けより横向きになるほうが、いびきを防げるし、呼吸の改善にもつながる。それに、左を下にして寝ると、胃酸の逆流や胸焼けといった消化器官の厄介な問題が軽減されるという。

その反面、横向きで寝ると「腕がしびれて手や指の感覚がなくなる」といったデメリットもある。腕を下敷きにして長く寝ていると、血流と神経機能が止まってしまうからだ。そうなると、「誰かが腕に麻酔薬を塗るいたずらをしたのか」と思いながら目覚めることになる。

横向きで寝るときは、次のことに気をつけるとよい。

■肩に体重をのせない

肩に直接身体を預けて寝ると肩や腕の筋肉が圧迫されるので、少しずらして寝る。

■枕を低めにする

枕の高さを調節し、頭が高くなりすぎないようにする。枕を使うのは、枕で首を支えることで背骨を正常な姿勢に保つためである。頭が高くなりすぎてはいけない。

■背中や腰が痛い人は枕を膝に挟む

腰痛もちの人は、柔らかい枕を膝のあいだに挟むといい。そのほうが背骨が安定するので、腰まわりの負担が軽減される。

マットレスは7年に1回替える

人生の約3分の1は、毎日眠ると決めたマットレスの上で過ごす。

だから、眠っている身体を預ける寝具の大切さについて触れないわけにはいかない。念のために言っておくが、自分に適した寝床を選ぶことができる人は、素晴らしい能力に恵

マットレスの反発性と背骨の位置

▶反発性のしっかりしたマットレスの場合

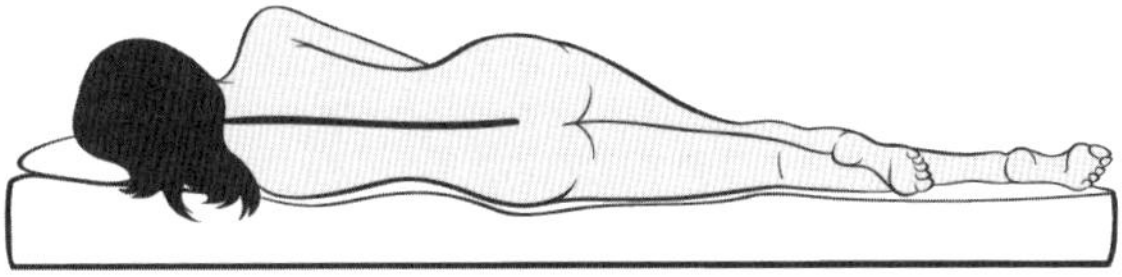

▶反発性を失ったマットレスの場合

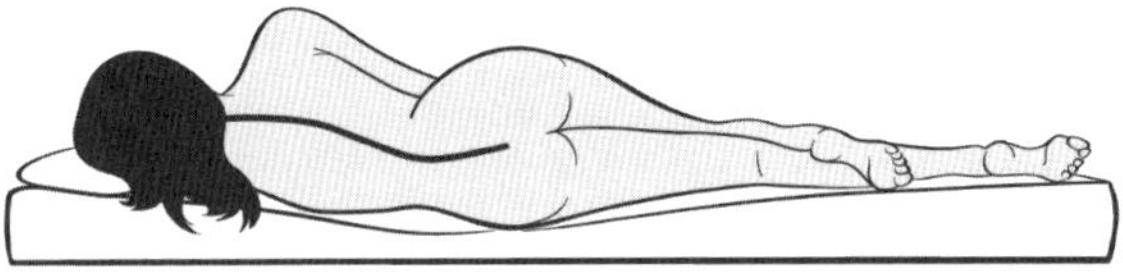

まれた人だ。世界には、床で寝ながらも最高級のベッドで寝ている人より安眠できている人がたくさんいる。しっかりと考えたうえでやはりベッドがいいと言うならそれでいいが、大事なことはほかにもたくさんある。いずれにせよ、マットレスは睡眠時のトラブルを増やす元凶にもなれば、人生の残りの3分の2をいっそう素晴らしくしてくれる財産にもなりうるのは確かだ。

調査によると、アメリカ人の7000万人以上が睡眠時に何かしらの痛みに悩まされているという。マットレスが原因で、爽快な気分どころか身体のあちこちに痛みを感じながら目覚める人がそれだけいるのだ。非営利団体が消費財を検証する『コンシューマー・レポート』誌には、マットレスは7年おきに交換する必要があると書いてあった。だが、そう考えている人はほとんどいない。一度マットレスを買ったら、一生使い続ける。そこに疑問をもつことはまずない。

マットレスの寿命が7年である最大の理由は、ほとんどのマットレスが使い始めて2年もしないうちに25パーセントたわみ、その後もどんどんたわみ続けることにある。これが、睡眠で生じる腰痛の最大の元凶だ。

寝そべったときにいちばん重くなるのは腰の部分なので、マットレスはその形にそって沈み、いちばん重い部分から劣化し、反発性（押し返す力）が失われていく。場所によって反発性が異なるマットレスで寝ていれば、背骨が安定しなくなり、腰や背骨まわりの筋肉の緊張にばらつきが生じる。寝ている本人はリラックスしているつもりでも、体重の分散が一定でなければ、リラックスできる筋肉もある反面、ほかの筋肉は一晩中緊張しっぱなしになる。

使い始めたばかりのときは問題ないが、時間がたつにつれてマットレスの反発性は失われていく。身体に生じている異変の原因は、もしかしたら毎晩寝ている場所にあるかもしれない。異変は背中や首の痛みだけとは限らない。臓器に問題が生じることもある。くたびれたマットレスのせいで身体がストレスを感じれば、日中に怪我をするリスクだって高まる。しかも残念なことに、マットレスの懸念すべきことがらはこれだけにとどまらない。

マットレスに含まれる有害成分に気をつける

ショックを受けるかもしれないが、実は多くのマットレスには人体に有害な発泡体や合成繊維が使用されている。おまけに、ガスが放出される難燃剤が施されているので、さまざまな健康被害が生まれかねない。

マットレスに使用される難燃剤には、主に次のような物質が含まれている。

・PBDE（ポリ臭化ジフェニルエーテル）

2004年以前に生産されたマットレスに使用されていた。のちに肝臓、甲状腺、神経系に有害だと判断されたため、使用されなくなった。

・メラミン樹脂（ホルムアルデヒド）

アメリカ環境保護庁により、長期にわたって浴びると発ガンの恐れがある物質に分類されている。

マットレスを部屋に届けてもらったことがある人は、設置後に「部屋の空気を入れ替えてください」と言われた覚えがあるはずだ。マットレスが運び込まれたからといって、寝室がペンキ塗り立てのような臭いになるのはおかしいのではないか。その臭いがなくなれば問題ないという印象を受けるが、実際にはそう単純ではない。

製造会社はよかれと思って難燃剤を施したが、いまやそれが健康を脅かす懸念材料となっている。大人への影響も心配だが、それ以上に心配なのが子どもへの影響だ。

ニュージーランドの著名な化学者として知られるジェームズ・スプロットは、乳幼児が突然死する原因はいろいろあるものの、乳幼児用のマットレスから出る有毒ガスが最大の懸念事項だと考えた。そして、1950年代初めから、難燃剤などとして、リン、ヒ素、アンチモンの合成化合物がマットレスに塗布されるようになったと主張した。そういう化学物質は、寝具にはびこりやすい細菌と反応して有毒ガスを発生させる。致死量に相当するガスが赤ん坊の口や皮膚を通じて体内に入れば、中枢神経系が停止し、呼吸と心臓も止まる。その有毒ガスは、途中で目覚めることも苦しむこともなく、赤ん坊を死に至らしめる。スプロット博士の調査によると、普通に検死をしても、有毒ガスの痕跡はまず残らないらしい。

ずいぶんと気がかりな話だが、これを機に、いままで「当たり前」に受けいれていたことについて改めて考えてみてほしい。スプロット博士は、ガスは口からだけでなく、皮膚からも吸収されると述べている。何か臭いがすると思ったときは、臭いの元となる気体が肌を通じて体内に入っているということだ（この話のせいで、今後誰かとすれ違って臭いを感じるだけで怖くなるかもしれないが、事実なのだから仕方がない）。また、臭いを感じとっても、人はすぐに慣れる。臭いの良し悪しに関係なく、嗅覚器官がそうさせるのだ。「道端のバラの香りは立ちどまって嗅ぐものだ」という格言がある。本来は立ちどまるだけの心の余裕をもちなさいという意味だが、実際にそうしないとバラの香りをあまり長くは楽しめない。

また、臭いがないからといって安全とは限らない。マットレスを選ぶときは、先に述べたリスクが伴わないものを選ぶことがとても重要になる。マットレスは、靴や服のように身近な人のあいだで使いまわされることが多い。だが、『ブリティッシュ・メディカル・ジャーナル』誌に、誰かのお古の乳幼児用マットレスを使うと、突然死のリスクが3倍になるという研究が載っていた。なぜリスクが高まるかというと、マットレスの上で人が寝れば皮膚細胞が落ち、それが細菌の餌となって化学物質の分解を促すからだ。そうなれば、有毒ガスが発生し、知らないうちに健康が脅かされていく。

1994年、ニュージーランドでSIDS（乳幼児突然死症候群）を防いで子どもを守るための重要な施策が講じられた。有毒ガスが発生するマットレスの危険性に関するデータに衝撃を受けた健康問題の専門家たちが、赤ん坊を寝かせるマットレスを安くて無害な保護カバーでくるむことを積極的に広めたのだ。その後20年のあいだ、保護カバーでくるんだマットレスで寝ていた赤ん坊を20万人以上調べたところ、SIDSで亡くなった赤ん坊はひとりもいなかった。保護カバーキャンペーンが始まってから1020人の乳幼児がSIDSで亡くなったが、そのなかに保護カバーで覆われたベッドで寝ていた子どもはひとりもいなかった。

この事実からわかるように、自分や自分の愛する人が使うマットレス選びを決して軽んじてはいけない。発泡体が37・7層になっていて、表面がボディースーツのように身体にぴったりとそう摩訶不思議なクッションになっていたとしても、それは上辺の飾りにすぎない。そのマットレスの反発性は、実際のところどのくらいもつのか？　そのマットレスに、人体に有害となりうる物質は使われていないのか？

マットレスは、人体に害のないものがいい。反発性が長く保たれるものがいい。マットレスは大きな投資なので、次に自分や家族のために買うときは、この二つを確実に満たすものを選んでほしい。安全なベッドでぐっすり眠れば、睡眠の質は確実に上がる！

一緒に眠る人との最適な位置関係

愛する人と一緒に眠ると、本当に心が安らぐ。愛する人と日々寝起きを共にすることほど素敵なことはない。だが、ちょっと待ってほしい。この先もずっと愛し愛される関係でいたいなら、眠るときの位置関係についてしっかりと考える必要がある。

自分以外の誰かと一緒にベッドで寝ると、おもしろい発見がある。一緒に寝ていてまったく違和感を覚えない人もいれば、毎晩バトルになる人もいる。静かにほとんど動かず眠る人もいれば、シルク・ドゥ・ソレイユのようにアクロバティックに動きまわる人もいる。ほかにも、掛け布団をひとりじめする人、いびきをかく人、寝言を言う人や、大声で叫ぶ人までいる。いずれにせよ、愛する人が眠っているときに見せる新たな一面に出合ったとき、ふたりの関係は新たな局面を迎える。

もちろん、この本の内容について語り合い、勧めに従うことは貴重な経験となってくれると思う。とはいえ、眠るときの位置関係そのものについてはどうすればいい？　特注サイズの巨大なベッドでもない限り、ヒトデのポーズで並んで眠るのは無理がある。

そこで、お勧めの位置関係をいくつか紹介しよう。実際に試してみて、ふたりにとって

カップルに多く見られる睡眠時の位置関係

側位寝　ハネムーンハグ　重なり寝

赤ちゃんハグ　ゆとり寝　足だけハグ　追いかけ寝

禅（V字ハグ）　崖っぷち　捕まり寝

いちばんいい位置関係を探してみてほしい。それが見つかれば、最高の睡眠がふたりのものになる。

寝るときの姿勢は習慣のようなもので、変えるとなると時間がかかる。理想の姿勢に変えたい人は、寝るときにその姿勢をとり、夜中に目が覚めて自分の望まない姿勢になっていたら、意識して理想の姿勢に変えるようにするといい。

パートナーのいる人は、睡眠の必要性や寝るときの姿勢の好みについてきちんと話し合おう。このテーマは、いくら話しても絶対に話しすぎるということはない。自分の意思をはっきりと伝えるとともに、相手を思いやる気持ちも忘れてはいけない。相手が睡眠に求めていることも理解して、自分も相手が安らげるための努力をしよう。

眠る場所を共有することは以上に、誰かと密に接することはほとんどない。絆を深める絶好の機会だが、思いがけず苛立ちが生まれることもある。そういうときは、相手への愛情や敬意を互いに確認しあえばすぐに解決する。

CHAPTER 16

睡眠のためのマインドフルネス入門

心のおしゃべりを鎮める

「私のベッドは魔法の場所だ。そこに入ったとたん、やろうと思っていたことを思いだす」――これは実に的を射た格言だ。

人はベッドに入ると、自分の人生の何かについて考えを巡らせる。時間、場所、人、理由、出来事、やり方などが思い浮かんでくるが、本来なら眠らないといけないはずだ。こういう経験に覚えがある人は、「心のおしゃべり」という深刻な問題を抱えている。といっても心配はいらない。解決策はちゃんとある。

ベッドに入ってからあれこれ考えてしまうからといって、どこも「悪く」はない。人間とはそういうものだ。それに、たくさんの情報を処理できる力は、素晴らしい能力だとも言える。専門家によると、人の脳裏には毎日5万以上の思念が浮かぶという。そのほとんどは、無作為に生まれてすぐに消える。しかし、いまは情報が氾濫し、何ごとにも敏感であることを求められ、ストレスが過剰にかかる世の中だ。それを思うと、心のおしゃべりが少々多すぎるかもしれない。何とかするには、自分の意志でおしゃべりの声を小さくする術を学べばいい。単純な話だ。

私がこれから紹介するテクニックは、睡眠の改善に役立つのはもちろん、人生を好転させる強力な武器にもなってくれる。心のおしゃべりは、ストレスや手に負えない忙しさの産物だ。かつてないほど大量の情報が絶えず流れてくるいまの時代、そのストレスから自分を解き放つ術を身につける必要がある。その術とは「瞑想」だ。

瞑想で何が変わるのか

瞑想といっても難しく考える必要はないし、妙な信仰に賛同する必要もない。足を組んで床に何時間も座る、ヒゲを伸ばす、名前を記号や果物の呼び名に変える、ありがたいとされる液体を飲むといったことも必要ない。

私は瞑想と呼ぶよりも、「脳のトレーニング」と呼ぶほうがふさわしいと思っている。静かに座って意識を呼吸に集中させる、歩数を数えながら公園を歩くといった簡単なことでトレーニングになるのだ。いくつかの基本的なルールを守りさえすれば、シャワーや洗濯など日々の活動を瞑想の時間に変えることだってできる。

瞑想は、強壮剤のようなものだと思えばいい。毎日使うことができて、使うたびにどんどん結果がよくなる。つまり、瞑想をすればするほど、穏やかな気持ちで日々を過ごし、自分の存在を強く感じるようになるのだ。

「すればするほど」というのは「頻度を増やす」という意味で、1回あたりの時間を長くするという意味ではない。自分に適した瞑想が見つかれば、瞬時に自分の存在を感じつつ穏やかに一日を過ごせるようになる。

私は毎朝30～45分の瞑想から始めて、それを3年続けた。いまでは、5分程度の「ミニ瞑想」を一日に何度か行っている。それでも、30分以上瞑想していたときと同じ集中力と心の平穏が得られる。なぜそうなるのか？　瞑想の効果は積み重なっていくからだ。**目を閉じて呼吸に意識を集中させることを脳と身体が繰り返すことにより、それに伴う神経細胞のつながりが強化され、瞬時にリラックスした状態になれる**のだ。

たくさんの研究により、瞑想には「気分をよくするホルモン」や鎮静作用をもたらすエンドルフィンを増やしてコルチゾールなどのストレスホルモンを減らすほか、体内の炎症を抑える効果まであることが明らかになっている。そういう状態になれるものを買おうと思えば買えるが、かなり高くつくだろう（それに逮捕される恐れもある）。

それでは、瞑想によって人生がどのように変わるのか、具体的に見ていこう。

■集中力が高まる

『ブレイン・リサーチ・ブレティン』誌に、8週間瞑想を続けると、アルファ波と呼ばれる脳波を制御する力が高まるという研究報告が載っていた。

この論文の筆頭著者で、MIT（マサチューセッツ工科大学）で脳を研究するクリストファー・ムーアは次のように述べている。「瞑想を繰り返し行うことにより、心の乱れが最小限に抑えられ、何らかの刺激で注意がそれる確率が低くなると思われる。実験のデータから、瞑想をすると集中力が高まることがわかる。これは、起きたことが自分に与える影響を制御する力が高まることが一因にある」

もっと集中力がほしいと思うことはないだろうか？　気がそれることが少なくなればいいのに、と思ったことはないだろうか？

ほとんどの人にとって、集中力は大切な存在だ。集中してものごとをやり遂げる力が、成功のカギを握る。瞑想には文字どおり脳を変える力があり、集中力の活用を可能にしてくれる。こんな力をくれるものはほかにない。「そうなればいいな」というレベルの話ではなく、本当に脳の成長や機能を変える力が瞑想にはあるのだ。

研究が始まってから8週間後、瞑想を行った被験者に特定のことに集中するように求めると、瞑想しなかった被験者に比べてアルファ波の振幅に大きな変化が見られた。瞑想したグループは、基本的に実験当初と比べて集中力の強さと深さが増した。ハーバード・メディカル・スクールの研究者も、瞑想が脳の構造を変えることを明らかにした。瞑想をすると、注意力や感覚処理に関係する領域が強固になるという。

仕事上のパフォーマンスや生産性、記憶力、集中力に瞑想がもたらすメリットを語るデータは数知れない。これほどの力を利用しなかったせいで、ひとりだけ取り残されるということのないようにしてほしい。

■ストレスが減る

ジョージア州オーガスタにあるジョージア医科大学による調査で、瞑想には血圧を下げるとともに、心臓病や心臓発作のリスクを軽減する効果があることがわかった。ほかにも、瞑想によって慢性的な痛みが緩和したり、炎症のもととなる物質が減少したりすることを実証する研究はたくさんある。

いまや、病院で診察を受ける人の80パーセント以上がストレスに関係する病気だ。瞑想を始める理由でも、ストレスをなくしたいからという理由がいちばん多い。実際、瞑想には健康な人のストレスはもちろん、さまざまな病気を患う人のストレスも緩和する効果があると実証する研究は数え切れないほどある。瞑想は、脳にとっても、身体にとっても、人生全体にとってもいい効果をもたらしてくれると実証されているのだ。

■睡眠の量と質が改善される

アメリカ睡眠医学会が発表した研究から、瞑想には不眠症を治す効果があることも明らかになった。その研究では病気を抱える人に2カ月にわたって瞑想してもらう実験を行い、寝つくまでの長さ、トータルの睡眠時間、トータルの目が覚めている時間、眠りについた後で目が覚める回数、睡眠効率、睡眠の質、気分の落ち込みが改善したことが実証された。

実験の責任者を務めたラマデヴィ・グリネニはこう語る。「この実験から、日中に深くリラックスできる方法を教えることが、夜の睡眠の改善に役立つと言える」

また、『メディカル・サイエンス・モニター』誌には、瞑想に慣れている人のほうが、瞑想しない人に比べてメラトニンの基準値が高いという記事が載っていた。

ここでいちばん強調したいのは、瞑想に悪い副作用は一つもなく、人生の質を高める効果ばかりだという事実だ。不眠症の治療薬に飛びつけば、器官の損傷、ホルモンバランスの乱れ、薬物依存といった問題が生じる恐れがある。副作用の心配のない安全な治療法があるのだから、悪影響を及ぼす恐れのあるものに手を出す必要はない。

脳波の四つのモードを使いこなす

人の脳波はヘルツ（1秒あたりの周波数）という単位で表されるのが一般的だ。脳波にはそれぞれ特徴があり、それによって脳の活動や意識の状態がわかると言われている。四つの主な脳波の特徴を簡単にまとめておこう。

■ベータ波（15〜40ヘルツ）

これは、目覚めているときの自然な状態の脳波を表す。よって、考えているとき、意識的に問題を解決しているとき、自分の外の世界に注意を向けているときはベータ波だと思

人間の脳波の基本となる四つ

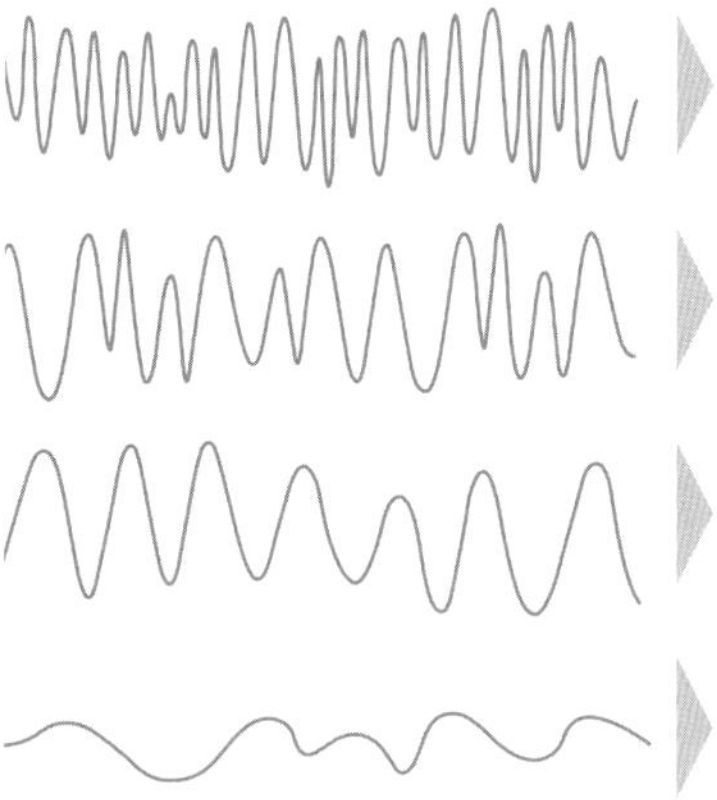

ベータ波（15～40ヘルツ）
目覚めているときに自然になる脳波で、普通に意識がある状態

アルファ波（9～14ヘルツ）
リラックスして穏やかな状態で、頭は冴えているが思考は使っていない

シータ波（4～8ヘルツ）
深いリラックス状態や瞑想状態で、無意識からイメージが浮かびあがる

デルタ波（1～3ヘルツ）
夢も見ずに深く眠っている状態

えばいい。この本を読んでいるいまのあなたの脳波は「ベータ波」になっているはずだ。

■アルファ波（9～14ヘルツ）

心身ともにリラックスした状態になると、注意力の高いベータ波から穏やかなアルファ波にスローダウンする。「アルファ波の状態」は瞑想に入ったときに起こり、この脳波になると、想像、可視化、記憶、学習、集中の力が高まる。この脳波の状態が無意識への入り口であり、頭に浮かぶ思念を調整するのもここから始まる。

■シータ波（4～8ヘルツ）

シータ波は、深い瞑想状態や浅い眠りの

状態に現れる。睡眠の重要な段階の一つであるレム睡眠時もこの脳波になる。シータ波は無意識の領域であり、アルファ波の状態から眠りに落ちるとき、もしくは深い睡眠（デルタ波）から目覚めかけるときにのみ経験する。この状態になると、意識があって目覚めている通常のとき以上に、ものごとを見極める力や情報を処理する力が高まる。専門家のなかには、瞑想でシータ波の状態になると、直観力や超感覚的な力が増幅されると唱える人もいる。

■デルタ波（1〜3ヘルツ）

デルタ波はもっとも緩やかな脳波で、夢も見ず深く眠っているときに現れる。瞑想の達人になると、瞑想中にこの脳波がたまに現れるようになるという。デルタ波は、身体を回復させる過程に欠かせない。体内の再生や修復の大半はこの脳波のときに行われるので、生きていくうえでも深い睡眠をしっかりととることは欠かせない。

瞑想が効果的なのは、脳波を変える力があるからでもある。自らの意志で積極的に脳の使い方を変えることができれば、そのメリットは計り知れない。その一方で、瞑想が効果的である別の理由がある。瞑想をすると、その瞬間から自律神経系の働きが変わるのだ。

呼吸は自分でコントロールできる

食べものは大切だが、食べもののなしで数週間は生きられる。水も大切だが、水なしでも数日は生きられる。だが、酸素がなければ数分しか生きられない。酸素は、私たちの健康と生存にとって何よりも欠かせないものだ。呼吸を通じて体内に取り込むが、ほとんどの人は、誰かの臭い息を避けるような呼吸しかしない。

そういう浅く短い呼吸では、必要な酸素が身体に十分に送られない。呼吸の話題を出したのだから、あなたはいま呼吸を意識していると思う。深呼吸を一度や二度したかもしれない。では、意識する前は呼吸をしていなかったか？　もちろん、ちゃんと呼吸はしていた。意識をしていなかっただけだ。

呼吸をつかさどるのは自律神経系だ。自律神経系の活動のほとんどは、無意識に行われる。呼吸のほか、心機能（心臓の鼓動）、消化、瞳孔の拡張と収縮といったことをコントロールしている。ほかの人はどうか知らないが、私個人としては、心臓の鼓動や食べたものの消化を意識したくはない。意識しないといけなくなれば、とんでもなく大変になるのは目に見えている。ただし、呼吸のコントロールだけは別だ。

呼吸は自動的に行われるようになっているが、いつでも好きなときに自分でコントロールすることもできる。呼吸の深い／浅い、速い／遅いといったことを好きに調節できる。このように意識的にコントロールできるわけだが、それはなぜか？ 生物としての進化の観点からすると、この能力は有利だと言える。それは、自分の知覚したことが必ずしも事実だとは限らないからだ。

呼吸をコントロールしてストレスに対処する

自律神経系は視床下部（先にも登場した、ストレスを調整するやつだ）によって制御され、恐怖に対する初期段階の反応をつかさどる。この反応は闘争・逃走反応と呼ばれ、これが起きると筋肉が緊張し、心拍数が増加し、瞳孔が拡張する。さらには、身体のさまざまな部分で血流が悪くなり、胃や上部腸管の消化の働きが鈍り（もしくは止まり）、呼吸が速く浅くなる。

闘争・逃走反応は生理的な反応で、危害が及ぶ出来事や、命を脅かす攻撃や脅威を知覚すると起こる。これは、生物の進化にとって非常に有利な反応だ。なぜなら、短時間なら止めても命にかかわらない機能を瞬時に停止し、命にかかわる機能の働きが強化されるからだ。それにより、人食いライオンと戦う能力か、丘を駆けあがって隠れ場所を見つける能力のどちらかが強化される。要するに、この反応が起こると、リラックスした状態や眠っているときと正反対の状態になるというわけだ。

ここで注目してもらいたいのは、危害が及ぶ出来事や命を脅かす攻撃や脅威を知覚する、という言葉だ。知覚したことは、自分にとっての現実だ。だが、実際には違うかもしれない。たとえば外を歩いていて、ヘビがいたと思って飛びあがりそうになったが、実はただの棒だったということはないだろうか？　このとき、闘争・逃走反応のスイッチが入ったものの、最初から脅威は何もなかった。単に自分が誤解したせいで、ストレスホルモンが増大したのだ。これは肉体的な例だが、心理的なケースは反応がもっと顕著になる。

人はつねに不安を抱えて生きている。面接がうまくいくだろうか、解雇されないだろうか、飛行機に乗り遅れないだろうか、SNSで悪口を書かれないだろうか、お金がなくならないだろうか、請求書が支払えない状態になりはしないだろうか、自分が大事に思う人が病気になったりしないだろうか、渋滞に巻き込まれないだろうか、締め切りに間に合うだろうか……。実際には自分を傷つけることにならないようなことまでも、日常的に心配している人は多い。ストレスや不安の元凶は、闘争・逃走反応に火をつける。**脅威だと自らが「知覚」するだけで、闘争・逃走反応のスイッチが入り、体にその影響が現れる。**

基本的に、いまでは人食いライオンに食われる心配はほぼ無用だ。心配ごとが一つなくなったとはいえ、人はその空いた部分で別のことを心配しようとする。無意識にそうしてしまうのは、自分のせいではない。だが、そういう傾向があるともう認識したのだから、自分の責任で何とかしないといけない。

人は食べものを自らの手で調達し、危険となりうるものに目を配って自らの安全を確保するように進化を遂げた。だがいまでは、食べものを狩る必要も探し求める必要もない。現代における最大の危機は、恐ろしく優柔不断な恋人とのレストラン選びだ。映画『きみに読む物語』の、ふたりの男性のあいだで揺れ動くヒロインに「きみはどうしたいんだ？」と尋ねて「簡単には決められない！」と返されるシーンがまさにそれだ。

呼吸を深めることで副交感神経のスイッチを入れる

私たちの脳は、ときとして最初に組み込まれた行動や古い習慣にのっとられてしまう。のっとられてしまったら、自分の手に取り戻さないといけない。

そこで覚えておいてほしいのが、闘争・逃走反応は自律神経系の一部である交感神経系がつかさどり、そこにはオンかオフの二択しかないという事実だ。スイッチが入っているっぽい状態など存在しない。あるのは、入っている状態か入っていない状態のどちらかだけだ（状態の程度にはばらつきがあるが）。交感神経系のスイッチがオフのとき、反対にスイッチが入るのが、休息や消化をつかさどる副交感神経系だ。交感神経系のスイッチに影響を及ぼせるのだから、副交感神経系にも同じことができる。そして、影響を及ぼすカギとなるのが呼吸だ。

呼吸が浅いだけで、人は自分でも知らないうちにストレスを抱える状況になることがある。交通渋滞につかまったり、将来のことが心配になったりしただけで、ストレス、怒り、不安といった感情を抱え、自分でも知らないうちに呼吸が浅くなってもおかしくない。

幸い、**呼吸は自分でコントロールできるので、それを通じて正常な状態に戻すことは可能だ**。酸素が不可欠であることは言うまでもないが、人が深い呼吸を必要とするのは、体内の解毒や老廃物の排除のためでもある。とりわけ、二酸化炭素の排除は重要だ。

落とした体重はどこへいくのかと不思議に思ったことはないだろうか？　調査によると、体重の一部は水分や熱となって体外に放出されるが、大部分は呼吸によって排出されるという。カリスマドッグトレーナーのシーザー・ミランでもない限り、イヌを自在に操ることはできないが、脂肪は誰もが自在に操れるのだ。

深呼吸には素晴らしい力がある。しかし、呼吸の仕方を学び直さないといけないというのは厄介だ。「学び直す」という言い方をしたのは、誰もが昔は完璧な呼吸を身につけていたからだ。すやすやと眠っている赤ん坊を見ると、息を吸うたびにお腹が膨らみ、息を吐くたびにお腹がへこむ。

イベントを開いて参加者に深呼吸をしてもらうと、ほとんどの人が真っ先に肩を上げて息を吸う。まるで、肺と横隔膜が肩についているみたいだ。

そうなる人は、胸で呼吸するのが習慣になっている。胸で呼吸すると、肺を空気で満たしているつもりでも、肺をきちんと動かしていないので、空気が十分に送られない。

深呼吸を実践する

正しく呼吸する能力を取り戻したい人は、次のやり方を試してみてほしい。

1. 背筋を伸ばして楽な姿勢で座り、顔を正面に向けて肩の力を抜く。目は閉じても閉じなくてもいい。
2. どちらかの手をお腹にあて、もう一方の手を膝に置く。

3．息を吸うときに、容器に水を注ぐようにお腹と肺が空気でいっぱいになる様子を思い浮かべる。
4．肩の力を抜いたまま鼻から大きく息を吸い、お腹にあてた手でお腹が膨らんでいくのを感じる。肺にもギリギリいっぱい空気を入れ（肩の力は抜いた状態を保つ）、そのまま2秒キープする。
5．鼻から息を吐き、お腹と肺の空気を最後の一滴まで空っぽにする。このとき、お腹がへこんでいくのを手で実感する。空気はすべて吐ききること。そうしないと、次に息を吸ったときに新鮮な空気をたくさん取り込めない。2秒数えるうちにすべてを吐きだす。
6．もう一度大きく息を吸い、容器に水を注ぐようにお腹と肺を空気でいっぱいにする。
7．1〜5の手順で深呼吸を5回繰り返し、終えた後の気分を確かめる。

この呼吸法を5回と言わずもう何度か繰り返せば、効果の高い瞑想の時間になるが、集中して数回行うだけでも、身体は瞬時に変わる。深呼吸の効果は絶大で、実践することがとにかく大切だ。深呼吸には身体の感覚を瞬時に変える力がある。この呼吸が身につけば、副交感神経のスイッチを自分の意志で切り替えられるようになるばかりか、自分の思念を制御する力も高まる。

思考は凧で、呼吸は凧糸だとよく言われる。呼吸が向かう先に思考がついていくのだ。**短く浅い呼吸は、ストレスや不安につながる。一方、深くリズミカルな呼吸は、リラックスとコントロールにつながる。**だからこそ、人は自分の手で呼吸をコントロールできる能力を生まれつきもっているのだ。どんな状況に囲まれても、何を脅威だと知覚しても、どう反応するかを自分でコントロールする力が私たちにはある。自分でコントロールしたいと思えば、いつでも自分の手に取り戻すことができるのだ。

深呼吸でリラックスしながら、この呼吸には自分の状態を変える力があると意識することを忘れないでほしい。

マインドフルネスで「いま」に集中する

瞑想には「マインドフルネス瞑想」と呼ばれるものがある。これをテーマにした本もたくさん出版されているが、一言で表すなら「いまを意識しろ!」となる。

私たちの頭のなかでは、絶えずさまざまな思念が通り過ぎる。未来にできることやする必要のあることを考えたかと思えば、過去の出来事や違うやり方ができたことに思いを馳せる。いまこの瞬間について、いまの自分の身体について、いまの自分の人生について考えることはほとんどない。

マインドフルネス瞑想をすると、自分の身体に戻って「いま」を強く意識でき、存在すらしないことに時間を奪われなくなる。昔からよく言われるように、過去は思い出、未来は夢、現在は神からの授かりものなのだ。

マインドフルネス瞑想の素晴らしさは、五感を意識して使うことにある。プロの料理人が料理する過程を見ることに、なぜ人々は夢中になるのかと不思議に思ったことはないだろうか？　もちろん、人は食べることが大好きだ。だが、料理の過程を見ることで、料理人の個性を実感できる。一流シェフの調理する姿は、さながら深い瞑想をしているようだ。彼らはハーブの香りを嗅ぎ、グリルで肉が焼かれる音を聞き、刻まれた食材の質感を肌で感じ、舌で味を確かめ、仕上がった料理が皿に美しく盛りつけられた姿を目で確かめる。調理に五感のすべてを使うのだ。

調理の過程に入り込むと、本当に瞑想しているときのような体験をする。一流シェフはそうやって調理をし、それによって彼らの個性が料理に反映されるのだ。

五感をフルに使うマインドフルネス瞑想は、何をするときにも活用できる。いまという状況を意識してその状況に入り込む。それがマインドフルネスのすべてだ。

歩いているだけでも足元の地面を感じることができるし、歩くリズムに合わせて深呼吸だってできる。食べているときも、食べるという行為に意識を集中させることができるし、友人と話しているときだって、次に何を言おうかと考えるのではなく、相手の言葉すべてにしっかりと耳を傾けることができる。シャワーやお風呂のとき、運動をしているとき、セックスをしているとき、家を掃除しているときなど、なろうと思えば何をしていても瞑想状態になれるのだ。瞑想状態になれば、脳の働き方が変わり、健康状態が改善する。副交感神経が働く機会を増やすことになるので、いっそう深く穏やかに眠れるようにもなる。

瞑想を行うと、優れた集中力が身につく。そうすると、寝る時間になって眠ることに集中すればそのまま眠れるようになる。自分の意志で集中できるようになれば、集中したいことに集中でき、意識があちこちに飛んでいかないようになる。瞑想は、リラックスするための技術であり、ツールであり、私たちに不可欠なものだ。瞑想の効力がわかったのだから、まずは呼吸を通じた瞑想とマインドフルネス瞑想から始めてみてほしい。始めるにあたり、睡眠と脳の働きに最大の効果をもたらすコツをいくつか紹介しよう。

最高の脳と身体をつくる睡眠の技術〜瞑想編〜

■瞑想に最適なタイミング

脳波がアルファ波やシータ波に近い状態になっているときは、瞑想にもっとも適している。つまり、朝目覚めてすぐか、夜ベッドに入る直前が最適だ。アメリカ睡眠医学会の調査から、午前中に瞑想をするとその日の睡眠の質が高まることがわかっている。瞑想を通じて、リラックスを意識したときの神経回路とストレスを緩和する緩衝材を脳内につくりだし、いまという瞬間を五感で感じる。そうすれば、夜の睡眠の質は改善される。

明日の朝からさっそく瞑想を始めよう（なんならいますぐ始めてもいい！）。習慣というと不健康なものばかり話題になるが、これは間違いなく健康の増進につながる。生活のさまざまな面がよい方向に変わる。5〜10分の瞑想から一日を始めれば、エネルギーや集中力はもちろん、ぐっすり眠れるようになる力もどんどん高まっていく。

起床時間より早く目が覚めてなかなか眠りに戻れないときは、ベッドに入ったまま呼吸の瞑想をするといい。脳がアルファ波やシータ波の状態になるので、眠っているときとよく似た効果が身体に現れる。

このように、必要なときにいつでも自由に活用できるのだから、これほど素晴らしい財産はない。

睡眠に向けてリラックスするために瞑想したい人は、ベッドに入ってからではなく、ベッドに入る前に瞑想するとよい。先にも述べたように、脳内にベッドと関連づけたいのは「睡眠」（とセックス）だけだ。ベッドの脇に座って数分瞑想し、それからベッドに滑り込んでぐっすり眠ろう。

ベッドに入ってから寝つくまでのあいだに（マインドフルネス）瞑想を行うときは、次の手順を参考にするとよい。

1．リラックスした状態で仰向けになり、必要なら頭を枕にのせる。

2．5秒かけて息を吸い、そのまま5秒キープし、5秒かけて息を吐き、吐ききった状態を5秒キープする。これを1回の深呼吸として3回行う。

3．呼吸を通じてつま先まで酸素を巡らせることに意識を集中させる。鼻から入ってきた空気がつま先までまわり、鼻から出ていく様子を思い浮かべる（2の深呼吸をしながらイメージする）。

4．今度は足に意識を向ける。2の深呼吸をしながら、鼻から吸った空気を足へ送るイメージをする。
5．さらに、足首、すね、膝、太ももというように、眠りにつくまで意識を向ける先を順に上げながら深呼吸をする。

どういうやり方が自分に合っているかは、実際にやってみないとわからない。このやり方もぜひ試してみてほしい。

瞑想の経験がない人は、やり方を教えてくれるサイトやDVDなどを活用して慣れるとよい。気が散りやすい人はとくに、具体的な指示があるとそこに注意が向くのでお勧めだ。

■浅い眠りにも瞑想がきく

夜中にいつも目が覚めてしまうという人は、いくつかの原因が考えられる。明らかに疑わしいのは、ホルモンサイクルの乱れだ。正常な状態に戻すには、これまで繰り返し述べてきたように、賢く栄養を摂取して運動し、この本で推奨したことをとりいれる必要がある。また、睡眠時無呼吸が原因だとも考えられる（自覚がなくても無呼吸になっているかもしれない）。睡眠時無呼吸は、ものすごく非力な人に首を絞められるようなものだ。致命傷を負うことはないが、不快で目が覚めてしまう。改善するカギとなるのは体重を落とすことだが、医師の診察を受けて確認するといい。

ほかにも、低血糖（第13章を参照）、胃腸のトラブル（第7章を参照）、大きな心的ストレスなども原因として考えられる。ストレスの多い現代社会では、誰がストレス過多になってもおかしくない。瞑想を賢くとりいれて、先延ばしにしていることにとりかかろう。それだけで、抱えているストレスがずいぶんと軽くなる。

心理的なストレスは、「やらないといけないこと」や「何かを手放そうとすること」から生まれることが多い。たとえば、関係を築きたい相手との人間関係の構築がストレスになっているかもしれないし、縁を切りたい相手と縁を切ろうとすることがストレスになっているかもしれない。仕事に必要な新しいスキルの習得がストレスになっているかもしれないし、自分に合わない仕事を辞めようとしていることがストレスになっているかもしれない。いずれにせよ、自分にとって大切なことは行動に移す必要がある。1日ですべてをやり遂げる必要はないが、毎日少しでも終わりに向けて行動を起こすのだ。そうした小さな積み重ねが、心理的な負担を驚くほど軽くしてくれる。人間関係をよくしたいなら、そのためにすべきことを日々学ぶことが大切だ。もっと健康になりたい場合も同じだ。毎日必ず少しでも本を読む、オーディオブックやポッドキャストを聴く、定期的にセミナーやイベントに参加するといったことを行っていれば、自分が本当に望む人生へ着実に近づいていく。怖がるのをやめて行動を起こしていれば、意外なほど早く理想の人生が手に入るだろう。

眠っている途中で目が覚めてしまう理由はいろいろあるが、あまり気に病まないようにすることが何よりも大切だ。この本で紹介する対策を使って自分のためになる状態に身体を整えれば、眠りの質は大きく向上し、安定して質の高い睡眠が得られるようになり、睡眠がいっそう価値あるものとなる。もちろん、慢性的な睡眠不足は何とかしないといけないが、睡眠が足りているかと不安に思えば、それがストレスになってしまうのでよくない。

夜中に目が覚めたときは、瞑想などのリラックスできることをするのがとても効果的だ。ベッドで横になったまま、リラックスした状態で気持ちが明るくなることを考えられるなら（笑顔になったり、生きている幸せを実感してもいい！）、そのままベッドにいればいい。だが、心の動揺や苛立ちが収まらなければ、ベッドから出て日記を書いたり本を読んだりしたほうがいい（そのときは、夜にふさわしい照明にすることをお忘れなく）。眠れない苛立ちを抱えたままベッドにいれば、脳内でベッドと眠れないことが関連づけられてしまう。それに、本を読んでいる途中に眠気を催すことも考えられる。人は、睡眠時間を分割できるように進化したという証拠もあるくらいだ。ここで言う分割は、夜早い時間にベッドに入って3～4時間眠り、その後1～2時間起きて、またベッドに戻って3～4時間寝て朝を迎えることを意味すると思えばいい。このような睡眠のとり方が身体に合う人は少ないかもしれないが、こういう睡眠のとり方もあると思うだけで安心できる。

■「動く瞑想」で心身を整える

1カ所に座って瞑想しなくても、それと同じ効果が期待できる「動く瞑想」もある。『ジャーナル・オブ・ヘルス・サイコロジー』誌に、気功を毎日1カ月続けただけで、睡眠時間が増えるとともに心理的にプラスの効果が得られたという記事が載っていた。気功は4000年以上前から存在する健康法で、呼吸のコントロールや特定の動きを通じて「気（エネルギー）」を高める。気功の人気は急速に高まっていて、その効果を支持する研究も次々に発表されている。

『インターナショナル・ジャーナル・オブ・ニューロサイエンス』誌にも、パーキンソン病患者が気功を6週間続けたところ、睡眠の質と歩行能力が改善されたという記事が載っていた。このように、気功がもたらすメリットはいろいろある。

気功に加え、太極拳もまた「動く瞑想」として知られている。UCLAで実施された調査によると、睡眠に多少の不満を抱える年配者112名が太極拳を16週間続けたところ、太極拳をしなかったグループに比べて睡眠の質と時間が大幅に改善したという。呼吸をコントロールする瞑想法、ＤＶＤを見ながら行う瞑想法、太極拳のように身体を動かす瞑想法といろいろあるが、自分に合うものを見つけてほしい。高い効果が期待できて、一日に数分でいいのだから、とりいれない手はない。

CHAPTER 17

サプリは本当に必要か

サプリはライフスタイルを見直した後に

ぐっすり眠りたくて薬やサプリに頼ろうとする人は多いが、それには注意が必要だ。理想を言えば、サプリに頼るよりも、よく眠れない原因となっている生活習慣に対処するほうが先にこないといけない。薬やサプリに飛びついても、症状が治まるだけで、長い目で見れば身体によくない何かに依存する可能性が高くなる。

まずはこの本のアドバイスに従って、自分自身のライフスタイルに目を向けてほしい。それでもやはり必要だと感じたら、睡眠を助けてくれる天然素材のサプリもとりいれればいい。そこで、影響力が比較的穏やかなものをいくつか紹介する。効果が長年にわたって実証されているものから順に見ていこう。

■カモミールは神経系を鎮める

カモミールは何千年も前から治療に使われているハーブだ。皮膚のトラブル、炎症、心疾患などその用途は幅広い。いまでは、古代から活躍してきたこの植物の真の効能を実証する研究がたくさんある。たとえば、分子医学に特化した『モレキュラー・メディスン・レポーツ』誌に、カモミールに含まれるフラボノイドには強力な抗炎症作用があり、物理的な痛みを和らげるCOX－2という酵素の活性化を促すという記事が載っていた。その記事では、カモミールは鎮痛剤や睡眠導入剤として利用可能だとも断言している。

鎮痛効果が現れるのは、アピゲニンと呼ばれるフラボノイドのおかげらしい。これはカモミールティーに豊富に含まれ、脳内のGABA（ガンマアミノ酪酸）受容体と結合する性質があるため、それによって神経系の活動が自然と鎮まる。繰り返しになるが、アピゲニンは食べものや薬草に含まれる天然の化合物なので、身体にいい効果をもたらすと思われる。悪い副作用がたくさんあるとは考えづらい。また、抗ガン作用の高い化合物にも、アピゲニンは含まれているという。腫瘍学の専門誌『インターナショナル・ジャーナル・

オブ・オンコロジー』や薬剤の専門誌『ファーマシューティカル・リサーチ』で、アピゲニンにはさまざまなガン（乳ガン、消化管ガン、皮膚ガン、前立腺ガンなど）を防ぐ効果があり、ガン性細胞を選んで攻撃する性質があることが明らかにされた。

カモミールはこれまで、眠りを誘うハーブとして扱われてきた。現代になってさまざまな実験が行われた結果、その効能が実証されたのはもちろん、ほかにもたくさんのメリットが実証されている。**神経系を鎮める効果や筋肉の緊張を緩和する効果をはじめ、身体が睡眠を必要としているときによく眠れるように身体を整える効果もある**という。

カモミールは、寝る前にカモミールティーとしてとるのがいちばんだ。オーガニックのティーバッグで淹れたカモミールティーをカップ1杯飲むだけで、寝る準備はしっかり整う。

■ストレスを低減するカヴァカヴァ

これは美しいフィジーの島々に生育する植物で、根をすりつぶしてお茶にしたものがフィジーの国民的飲料となっている。カヴァカヴァには鎮静作用があると言われていて、不眠の治療や疲労の回復によく使われる。2004年の精神薬理学の専門誌『ヒューマン・サイコファーマコロジー』でも、カヴァカヴァ300ミリグラムの摂取により、**気分**

が明るくなり認知力も向上するという研究結果が報告されていた。ほかにも、不安の兆候や症状を減らす効果があるとする研究もいくつかある（不安を抱えた状態は、当然不眠をもたらす）。

睡眠に関しては、睡眠の質を改善し、寝つくまでの時間を早める効果があるというデータに注目してもらいたい。夜のリラックスしたひとときに、カップ1杯のカヴァカヴァティーを飲むことを習慣にするとよい。

■夜中に目が覚めにくくなるヴァレリアン（セイヨウカノコソウ）

このハーブは個人的にいちばんお勧めだ。鎮静作用があり、これを摂取すると**寝つきがよくなり、夜中に目が覚めにくくなる**。ヴァレリアンの根は薬として扱われていて、根をすりつぶした液体や、フリーズドライされて粉末状になったものがある。

ヴァレリアンをお茶として飲むなら、ティーバッグのものでもいいし、乾燥させた根（2～3グラム）にカップ1杯ぶんのお湯を注いで5～10分待ち、それを漉して飲んでもいい。ちなみに、カモミールとカヴァカヴァも、ヴァレリアン同様に原液やカプセルの形態でも入手できる。

■化学物質でも効果を期待できるサプリ

先に紹介したものと違って植物由来のものではないサプリもある。5HTP、GABA、Lトリプトファンはそれぞれ異なる化学物質だが、慎重に量を制限して摂取すれば、さまざまなメリットが期待できる。

5HTPはセロトニンの前駆体となる神経伝達物質だ。先にも説明したように、私たちの体内にあるセロトニンは、メラトニン（よく眠れるようになるホルモン）へと姿を変える。メリーランド大学メディカル・センターがまとめた調査では、5HTPを摂取したグループは、偽薬を摂取したグループよりも寝つきが早く、眠りも深かった。また、セロトニンを刺激するためには、夜に200～400ミリグラムの5HTPを摂取するのが望ましいという。ただし、効果がはっきりと現れるまでに6～12週間かかるようなので注意が必要だ。

GABAは中枢神経系の重要な神経伝達物質の一つだ。脳内で抑制作用を発揮する主要物質でもあり、興奮を促す物質の働きを抑える役割を果たす。GABAの鎮静作用のおかげで、摂取するとストレスの悪影響が減るという人もいる。GABAの摂取を考えているなら、夜に500ミリグラム摂取することから始めるとよい。あるいは、GABAの前駆体物質である、ピカミロンやフェニバットの摂取を検討してみてもいい。

Lトリプトファンは5HTPの前駆体である。5HTPを食べものからとることはできないが、Lトリプトファンが豊富な食べものはいくつかあり、ターキー、鶏肉、カボチャ、ヒマワリの種、コラードグリーン、海藻などに含まれる。どれも食事にとりいれられるが、効果を期待する量としては不十分かもしれない。Lトリプトファンはサプリとして売られているので、食事に加えてサプリで補給が可能だ。寝る90分前に摂取するのが望ましい。

ここにあげた三つの物質は、ほかのサプリと同じで人によって効果は違う。誰かにとっては奇跡の薬となって、睡眠のサイクルを劇的に改善してくれるかもしれないが、別の誰かが同じものを飲んでも、おかしな夢を見るようになったり、飲む前より目覚めが悪化したりするかもしれない。要するに、効果の有無は自分しだいということだ。これはサプリに限った話ではなく、食べものや運動にも言える。どれがいちばん合理的か、どれがいちばん安全か、長期的に見てどれがいちばん効果があるかは、自分で試してみないことにはわからない。

■メラトニンの摂取には注意が必要

睡眠のためのサプリがテーマだというのに、メラトニンが入っていないと思った人もいると思う。メラトニンのサプリは、近年とても人気がある。それだけ睡眠の問題が社会に蔓延しているということだ。専門家の多くは、メラトニンのサプリがよく効く人は一定数いると認めている。しかし、メラトニンの摂取はホルモンの摂取だということを忘れてはいけない。テストステロン療法やエストロゲン療法といったホルモン療法があるが、セロトニンの摂取もこれと同じで、副作用や何らかの問題が生じるリスクがついてくる。

私たちの身体には、体内にあるメラトニンを活用する力が自然に備わっている。しかし、メラトニンをサプリで補給していると、その力が衰える恐れがある。人間をはじめとする生物の生体リズムに特化した『JBR』誌に、メラトニンを摂取するタイミングを誤ったり、量をとりすぎたりすると、メラトニン受容体の感度が鈍る恐れがあるという研究が載っていた。つまり、メラトニンを活用する働きが、いつ止まってもおかしくない状態になるかもしれないということだ。

メラトニンのサプリを常用している人の多くは、量がどんどん増えていくことに気づいているはずだ。また、睡眠障害の認定医であるマイケル・J・ブレウスも、メラトニンのサプリを飲んだからといって、必ずしも睡眠の質が改善するとは限らないと述べている。「メラトニンはホルモンであり、ビタミン剤とは訳が違う」と彼は言う。メラトニンサプリへの依存や、メラトニンを活用する力の喪失を望まないのであれば、メラトニンの補給は避けたほうがいい。試すにしても、いちばん最後にするのが無難だ。

メラトニンの前駆体のほうが多少は安全性が高いと言えるが、やはり注意が必要だ。睡眠を安定させるために頼るなら、正常な睡眠パターンを確立したいときや、旅行やサマータイムなどで乱れた睡眠パターンを元に戻したいときに、正常なパターンができるまでの期間限定で使うといい。

睡眠の改善を図るときは、安全なものや確かなもの、自然のものから試してほしい。サプリはあくまでも、自分で対策を講じても足りないときにだけ補給するものだと覚えておいてほしい。

最高の脳と身体をつくる睡眠の技術～サプリ編～

■サプリに頼るのは最後

くれぐれも繰り返すが、サプリに頼るのは、この本で紹介しているほかの対策をすべて試してからにしてほしい。自然界にサプリのような化合物はどこにも存在しない。サプリができたのはせいぜい数十年前であり、人間がこの世に誕生した年数とは比較にならない。

考えてみてほしい。太古の昔に生まれた私たちの身体には、無限の知性が詰まっている。そこへ科学研究所で先週できたばかりのサプリが入ってきても、効能どおりの効果が現れるとは限らない。サプリや医薬品の発展に尽力している優秀な科学者や改革者が、命を救ってくれる何かをいずれ生みだすかもしれないが、カプセルに入った製品と本物の食べものを混同することはあってはならない。

■摂取するなら少量から

自分にとっての適量を見つけよう。サプリを製造する企業が推奨する摂取量は、人によっては少なすぎたり多すぎたりすることがある。たとえばメラトニンを摂取するなら（勧めているわけではない）、男性の場合は150マイクログラム、女性の場合は100マイクログラムから始めるのが理想だろう。ところが、サプリのなかには最大で3000マイクログラムの摂取を推奨するものまである！　サプリの理想の摂取量は、身長、体重、腸内環境、ストレス、炎症の程度など、ありとあらゆる要素によって変わってくる。100パーセントの確証がもてない限り、少ない量から始めて徐々に量を増やしていくのがいちばんだ。

■睡眠サプリとアルコールの併用は厳禁

睡眠のためのサプリは、絶対にアルコールと一緒にとってはいけない。この二つを混ぜると、筋肉は過剰に緩んだ状態になり、呼吸は止まり、『シックス・センス』のブルース・ウィリスのように目覚めることになる（この映画での彼は、死んでいることに気づいていないという役柄である）。真面目な話、睡眠を促すための何か（サプリに限らず瞑想も含む）と一緒にアルコールをとるのは最悪だ。サプリは賢く安全にとり、くれぐれも、「死んだ人が見える」と言う少年と話をすることにならないよう気をつけてもらいたい。

CHAPTER 18

早起きで脳の働きを最大化する

体内時計にそって生きる

第2章では、太陽光を浴びることがよりよい睡眠を促すことについて説明した。だがもっと言えば、早起きすることで、夜ぐっすり眠れる身体になれる。

精神科医で心理療法士でもあるトレーシー・マークスも、「早く寝て早く起きれば、体内時計と地球の日周期が同期する。そのほうが、明るいうちに眠ろうとするよりも健康的だ」と述べている。

早起きが夜の安眠につながるとは何とも皮肉な話に思えるが、この背景には人間の睡眠と覚醒のパターンは決まっているという事実がある。そのパターンが乱れるようになったのは、ここ100年の話でしかない。人間が夜に動きまわると捕食者の餌食になるという危険な時代は、そう遠くない昔のことなのだから無理もない。

忘れている人も多いようだが、人間は夜行性の生き物ではない。念のため、私たち人間の特徴を少しおさらいしておこう。

・人間の視覚は暗闇ではきかない。ライオンなど野生の捕食者たちは、目にたくさんの桿《かん》体《たい》細胞があり、そのおかげで夜目がきく。こちらは見えなくても、むこうにはこちらが見えるのだから、夜に出歩けば捕食者の格好の餌食となる。
・嗅覚もあまり敏感ではない。ジムで大量に香水をつけている女性とすれ違えばもちろんわかるが（こういうタイプの女性は何を隠そうとしているのだ？）、フクロネズミのような夜行性生物は、1・5キロ離れたところにいる敵の臭いを嗅ぎ分ける。
・聴覚も暗闇を進めるほどには発達していない。ハイイロギツネなら、数十メートル離れたところで小さな音がしても耳を立てる。視覚はほかの夜行性生物ほど発達していないが、その聴覚のおかげで夜に危険な目に遭わずに狩りができる。

人間の感覚器官は、日中に驚くほど優れた能力を発揮する。そのおかげで色を鮮明に識別できるほか、五感を上手に組み合わせて自分の周囲を理解できている。これほどの能力は、ほかの生物にはない。

また、電球の発明によって明るい世界を手に入れたことで、コミュニティの創造、成長、改革が進んだ。しかし、人工光の使用が常態化したせいで、睡眠時間と健康状態がかつてないほど低下した。真面目な話、健康でいられないなら、発明に意義はあるのだろうか？

とはいえ、「もう自然のなかで暮らしていないのだからいいじゃないか。さあ、ネットフリックスで一晩中ドラマを観るぞ！」と思う人もいるだろう。確かに、もう自然のなかで暮らしていないし、現代の生活環境は便利で快適だ。しかし、私たちの遺伝子は、自然の近くで生活していた先祖とほとんど変わっていないというのも事実だ。遺伝子の適応には何千年もかかるという。吸血鬼でもない限り、それだけの時間は生きていられない。

人間はもちろん人間以外の有機体も、決まって訪れる明るい時間帯と暗い時間帯に合わせて進化を遂げてきた。私たちの毎日を成り立たせている体内時計やホルモンサイクルは、その時間帯にもとづいている。だがそこへ人工光が入り込み、明るい時間帯の長さが変わってしまった。その結果、何度も述べているように、平均的な睡眠の質は大幅に下がった。寝る時間や起きる時間が日によって違うのだから、体内時計もめちゃくちゃだ。寝起きする時間が決まっていないというのは、睡眠の質が下がった最大の原因かもしれない。睡眠時間が不規則だと脳がパターンを見いだせないので、慢性的な時差ボケ状態が生まれるのだ。ベストな状態の自分になるためには、どのように眠るかに加えていつ眠るかも重要になる。現代社会では、賢く眠る時間をスケジュールに組み込んでしまうことが不可欠だ。そしてその第一歩は、朝起きることから始まる。

朝型の人のほうがパフォーマンスが高い

2008年にノース・テキサス大学で学生を対象に調査したところ、朝型を自称する学生のほうが、成績がかなり高かったことが明らかになった。早起き学生の平均点が3・5だったのに対し、夜更かし学生の平均点は2・5だったという。もちろん、早起きだけで成績が優秀になるわけではないが、その影響力は決して見過ごせない。平均点が高ければ、就職をはじめさまざまなことで高いレベルでの成功が手に入りやすくなる。

就職と言えば、社会心理学に特化した『ジャーナル・オブ・アプライド・ソーシャル・サイコロジー』誌に、**早起きする人のほうが夜更かしする人に比べて積極性が高く、仕事**

で成功する確率も高いという記事が発表された。また、早起きする人のほうが、問題を未然に防いだり最小限に抑えたりすることもうまいという。変化のスピードが加速するいまの時代、そういう能力があると仕事上でかなり有利になる。

だからといって、早起きする人のほうが何ごとにも優れているというわけではない。夜更かしを好む人のほうが、朝型の人よりも賢く創造力が高い、ユーモアのセンスが優れている、場合によってはより社交的であるとする研究もいくつかある。とはいえ、『ハーバード・ビジネス・レビュー』誌には、夜更かしする人は企業の典型的な労働時間が合わず、そのせいで大事なチャンスを逃しやすいという重大な報告が掲載されていた。

朝型だろうと夜型だろうと、素晴らしい人生を送ることはできる。でも、どうせなら、自分にいちばん有利な状況をつくりだし、自分が本心から望む人生を歩めるだけの健康を手にしてほしい。それを思うと、正常なホルモンの分泌を促す体内時計を尊重したほうが、健康は大きく増進する。それが現実だ。人間の身体は、日中に起きていて、夜になったら眠るようにできている。夜更かしというのは人間にとって新しい発想であり、そもそも人間は夜行性の生き物ではない。

夜型の人は15分ずつ起きる時間を早める

早起きして一日を有意義に使いたいという人はいる。ほかの人がベッドから起きだす気配すらしないうちに何かをやり遂げてしまうというのは、実に気持ちがいい。早起きする人は、楽天的、満足感を得やすい、良心的といった性格が表に出やすいことがさまざまな研究で実証されている。午前8時に終わらせることを目指して仕事にとりかかれば、それだけで楽天的になれる。一方、午後4時に終わらせることを目標にすれば、作業をとどこおらせるちょっとした問題がいくつも起こる。

夜型人間という考え方は、ここ最近の人類史に登場するようになった新しい概念だ。好むと好まざるとにかかわらず、夜型というのは繰り返し続けることで身につくことであり、健康はもちろん、ひいては人生全体に影響を及ぼす。

自分は夜型だという強い自覚があり、体内時計やホルモンサイクルをあるべき状態に戻したいと本気で思っているなら、やり方は簡単だ。

世界的人気ブログ「Zen Habits」の著者であるレオ・バボータが、睡眠スケジュールを変えるなら徐々に変えるのがよいと述べている。いまは午前8時に起きているなら、いきなり午前6時に起きるのではなく、15分ずつ起床時間を早めていくのだ。

徐々に変えるほうが、無理なく続けられる。早起きしようと心に決める人の多くは、睡眠サイクルをいきなり激しく変えようとするが、それではかえって疲れや苛立ちが増すばかりか、早起きは苦痛だと脳に刻まれる。そうなれば、数日のうちにやる気が燃え尽きてしまい、いつのまにか以前の起床時間に戻ってしまう。

午前6時の起床が目標で、いま午前8時に起きている人は、アラームを午前7時45分にセットしよう。それを数日続けたら、次は7時30分にセットし、その数日後には7時15分というように早めていく。こうして徐々に早めていくほうが、新しい起床時間に身体が無理なく慣れていき、定着もしやすい。

夜型克服のための三つのルール

では、スヌーズボタンを叩いて早起きをやめたい衝動にかられたときは、どう対処すればいいか？

それについても、レオ・バボータは三つのアドバイスを提案している。はっきり言って、どれもとびきり素晴らしい。

1. 翌朝の楽しみをつくる

前日の夜に、朝起きたら楽しみなことを一つ考えよう。書きものをする、新しいヨガのポーズを試す、瞑想するといったことでもいいし、好きな本を読む、自分がはまっていることの続きをする、といったことでもいい。朝目覚めたら楽しみが待っていると思えば、起きるモチベーションが上がる。

2. ベッドから飛び起きる

文字どおり、ベッドから飛び起きよう。飛び起きたいと本気で望んで飛び起きるのだ。ベッドから飛び起きたら、「よし！　ちゃんと生きてる。今日も一日、何ごとも受けいれて一生懸命やるぞ！」という気持ちで腕を広げる。これは本当に効果がある。

3. アラームをベッドから遠いところへ置く

アラームが枕元にあると、スヌーズボタンを押してしまう。だから、ベッドから遠い部屋の端にアラームを置こう。そうすれば、スイッチを切るために起きあがる（飛び起きる）。スイッチを切ったら、そのままトイレに直行するクセをつける。トイレに行けば、その後またベッドに戻ろうという気になりにくい。そして、この時点で朝の楽しみを思いだすのだ。ベッドから飛び起きなかった場合は、せめて腕を広げて一日の始まりを実感しよう。

アラームをベッドから遠いところへ置くと、第12章でとりあげた電磁界の影響も少なくなる。電子機器によって生じる電磁界は、体内の細胞どうしのやりとりを阻害する。機器が近くにあれば、電磁界の影響は当然強くなる。眠るときに電子機器を身体の近くに置くのは賢明ではない。いますぐやめよう。

朝起きたらすぐ水を飲む

もう一つ、ベッドに戻りたい衝動を抑えてやる気のみなぎる一日にするためのアドバイスがある。朝目覚めたら、五感をフルに使うのだ。

ベッドから出たら、自分の好きなもので感覚器官を刺激しよう。コーヒーやお茶を淹れて飲むこともその一つだ。香り、味わい、カップを手に持つ感触のすべてが、五感の動きを活発にしてくれる。

私は**朝起きたら真っ先に、大きなグラスで水を1、2杯飲む**ことにしている。これは本当にお勧めで、個人的には「体内の洗い流し」だと思っている。眠っているあいだに失われた水分を補給すると同時に、代謝によって生まれた老廃物を一掃し、身体が目覚める刺激を感覚器官に与えてくれるからだ。お風呂やシャワーにも、心身ともにさっぱりする効果がある。また、好きな音楽をかけたり、カーテンを開けて自然の光を取り込んだりして、より多くの感覚を刺激してもいい。嗜好や身体が自動的に刺激されるものは、まだまだたくさんある。感覚を刺激することを行って、一日の始まりに勢いをつけよう。

早起きをすると、内分泌系が地球の日周期に同期するようになる。太陽がのぼったら起きることを習慣にしよう。最初は大変かもしれないが、2週間もすれば身体が慣れ、身体が十分に休まってすっきりとした気分で目覚められるようになる。「疲れすぎて頭が冴えているせいで夜更かしする」習慣を何とかしたいなら、早起きしてコルチゾールの正常な分泌を促し、夜早く寝てメラトニンの正常な分泌を促せばいい。息子が大好きなクマのプーさんの名言を紹介しよう。「早く寝て早く起きれば、僕は幸せになるし、おまけに健康にもなる」

決めた時間に寝起きすることを習慣にする

寝る時間と起きる時間を決めて、毎日その30分前後に寝起きすることを心がける。仕事がなく早起きする必要のない日に「寝だめ」しようとする人は多い。だが、睡眠スケジュールをそうやって乱していると、せっかくの休みなのに自分が思う以上に疲れがたまり、月曜日に起きるのが本当につらくなる。つねに同じ時間に寝て起きる、それが健康の秘訣だ。

次の日が休みだからという理由だけで、むやみに夜更かしするのはやめたほうがいい。いつもと同じ時間に寝て、同じ時間に起きれば、休みを有意義に使うことができる。ネットフリックスは日中でも観られるので、徹夜で観続けたときの悪影響を身体に及ぼすことなく好きなドラマを続けて観ればいい。

身体が求める睡眠パターンを保つためだからといって、午後10時2分きっかりに毎晩ベッドに入る必要はない。理想の就寝時間の30分前後にベッドに入れば十分だ。

レオ・バボータのアドバイスに従って徐々に寝る時間を早めていくと、「投資タイム」での睡眠時間が増えていくという嬉しいおまけもついてくる。第6章で述べたように、午後10時〜午前2時という投資タイムに睡眠をとると、ホルモンの働きが高まり、酵素による修復作用や酵素の活性化が進むので、心身全体の回復が望める。

午前1時まで当たり前に起きている人が、いきなり2時間早く寝ようとしても、つらい思いをするだけだ。そうではなく、段階的に寝る時間を早めていけば、それに伴い体内時計も進んでいく。段階を踏んで理想の就寝時間にたどり着けばいい。午前1時に寝ている人が午後11時の就寝を目標にするのであれば、数日おきに15分ずつ早める。もちろん、そんなまどろっこしいことをせずに、すぐさま早寝早起きにチャレンジしてもいいが、徐々に時間を早めていくやり方のほうが、無理なく身体に馴染み、睡眠の質が上がっていく過程を楽しめると思う。

CHAPTER 19

マッサージは睡眠に効く

マッサージのメリットは驚くほど多い

『インターナショナル・ジャーナル・オブ・ニューロサイエンス』誌に、慢性的な痛みに関する研究報告が載っていた。慢性的な痛みを抱える被験者がマッサージ治療を受けたところ、痛みが緩和されたほか、睡眠の質が上がってセロトニンの分泌量が増加したという。

マッサージの気持ちよさは誰もが知っている。しかし、睡眠の質を高める効果を過小評価している人は多い。マッサージは、交感神経系（闘争・逃走反応をつかさどる）の高ぶりを鎮め、副交感神経系（休息や消化をつかさどる）の働きを活発にする秘密兵器だと言える。リラックス効果が実証されているセロトニンやオキシトシンが増え、コルチゾールが減るのだから、マッサージが夢の世界へ滑り込みやすくしてくれても何の不思議もない。

上質なマッサージを受けた後はどんな気分になるか？　たぶん、5キロ走ろう、家を片づけようといった気分にはならない。リラックスすること以外は何も考えられず、何ごとも冷静かつ穏やかに受けとめる。いつもなら煩わしいと思うことですら煩わしく感じず、我慢がきくようになる。周囲に対して「何をそんなにムキになることがあるのか？」とでも言いたげに、おどけた笑みが顔に浮かんでいるかもしれない。

マッサージはストレスを解消してくれるとわかっていても、ほかにもメリットがあると知って意外に思う人は多い。

マッサージには次のようなメリットがあると言われている。といっても、これらはほんの一部にすぎない。

・血圧の正常化
・体内で炎症を煽る炎症性サイトカインの減少

・痛みの緩和
・可動性の向上
・不安や気分の落ち込みの改善
・片頭痛を含む頭痛の軽減
・消化機能や排泄機能の向上
・ストレスホルモンの減少
・免疫機能の改善

免疫系が正常に機能することの大切さについてはすでに触れている。そのことからも、免疫とマッサージの関係は注目に値すると思った人もいるだろう。

ジョージア州アトランタにあるエモリー大学メディカル・スクールで精神医学および行動科学研究部門の責任者を務めるマーク・ハイマン・ラパポートの研究により、マッサージを週に1回5週間にわたって受けると、神経内分泌と免疫機能がかなり向上することが実証された。リンパ球（免疫機能の管理を担う白血球）の数が増え、コルチゾールとアルギニン・バソプレシン（攻撃性に関係すると言われているホルモン）の生成量は下がり、炎症性サイトカインは減少したという。

これほどのメリットがあるなら、マッサージがそれほど活用されていないのはいったいなぜなのか？

マッサージの効果は歴史が証明している

マッサージには長い歴史があり、その誕生は5000年以上前にさかのぼる。考古学上の資料のなかには、中国、エジプト、インド、日本、ローマ、ギリシャをはじめとする多くの古代文明でマッサージ療法が行われていた証拠が存在する。マッサージは昔から、人々を癒やす手段として活用されてきたのだ。現代医学の父と呼ばれる古代ギリシャで医師をしていたヒポクラテスは、次のような言葉を残している。「医師はさまざまな経験を積まないといけないが、とりわけマッサージは必須である」

時が流れて20世紀に入っても、病院では看護師がマッサージを通じて患者の痛みを和らげて、眠りやすくしていた。しかし、1970年代あたりから、マッサージに頼る医療従事者が急減した。鎮痛剤や精神安定剤の開発が進んだためだ。

それでもなお、マッサージという分野は独自に根を張り、治療法の一形態として成長した。とりわけスポーツ業界でその地位を盤石なものにした。マッサージが健康にもたらすメリットについて研究が盛んに行われるようになったのは近年になってからだが、マッサージが世間に浸透したことと相まって需要が高まっていった。最近はマッサージ店が目につくようになったと感じている人は多いだろう。

いまでは、アメリカ人の約10パーセントが定期的にマッサージを受けていると言われている。マッサージ人口が伸びているのは、ストレスと睡眠にメリットがあることが大きい（マッサージ中に眠ってしまい、終わっても気づかない人はたくさんいる）。

マッサージを受けている人の脳波を測定した実験では、デルタ波が実際に増えていたという。第16章で説明したように、デルタ波は完全に身体が休んでいる状態で、回復にあてられる深い睡眠に関係している。これもまた、マッサージを軽んじてはいけない理由の一つだ。マッサージは、私たちに必要不可欠なものとしてとらえるべきなのだ。

自分に合うマッサージはどれか？

最近では、スウェーデン式マッサージを対象にした研究が多い。これは段々と圧力を強くしていくマッサージで、血液が心臓に戻る方向にそって筋肉をゆったりとほぐしていく。スウェーデン式マッサージは確かに素晴らしいが、身体と睡眠に新たな世界を届けてくれるマッサージはほかにもたくさんある。
健康増進の効果があるとされているマッサージの種類をいくつか紹介しよう。

ツボ押し
ロミロミ
アーユルヴェーダ
筋膜リリース
クラニオセイクラル療法（頭蓋整骨療法）
リフレクソロジー
指圧
タイ式マッサージ
スポーツマッサージ
ワッツ（水中指圧）
ホットストーンマッサージ

こうして並べてみると、マッサージを施すセラピストが必要になるものがほとんどだ。

だから、マッサージと聞くと「誰かにやってもらうもの」だと思う。しかし、マッサージにはいろいろあり、ちょっとしたポイントさえ知っていれば、自分で自分にできるマッサージもたくさんある。

■自分でツボを押す

ツボ押しは、施術者がいてもいなくてもできるマッサージの一つだ。イタリアのモンツァにあるサン・ジェラルド病院の放射線治療およびガン治療科が、科の患者全体を対象に調査を実施した。睡眠に問題を抱える患者にツボ押しを施術したところ、2週間以上施術を受けた患者の60パーセントの睡眠が改善したという。ガン患者というくくりで見ると、睡眠が改善した患者の割合は79パーセントにも達した。いったい、ツボ押しにどんな効果があるのか？

ツボ押しは、2000年以上前から存在している治療法の一つである。専門家の話によると、私たちの身体には、刺激を与えると神経を通じてさまざまな器官や腺に信号を送る部位があり、それを「ツボ」と呼ぶ。針や手などを使ってツボを押すことで、症状の緩和や機能の調整を促すのだという。決して過激なことではない。体内の細胞はすべて、脳という統治機関によって管理されている。細胞、組織、器官の一つひとつが、体中を駆け

睡眠の質の改善につながる神門のツボ

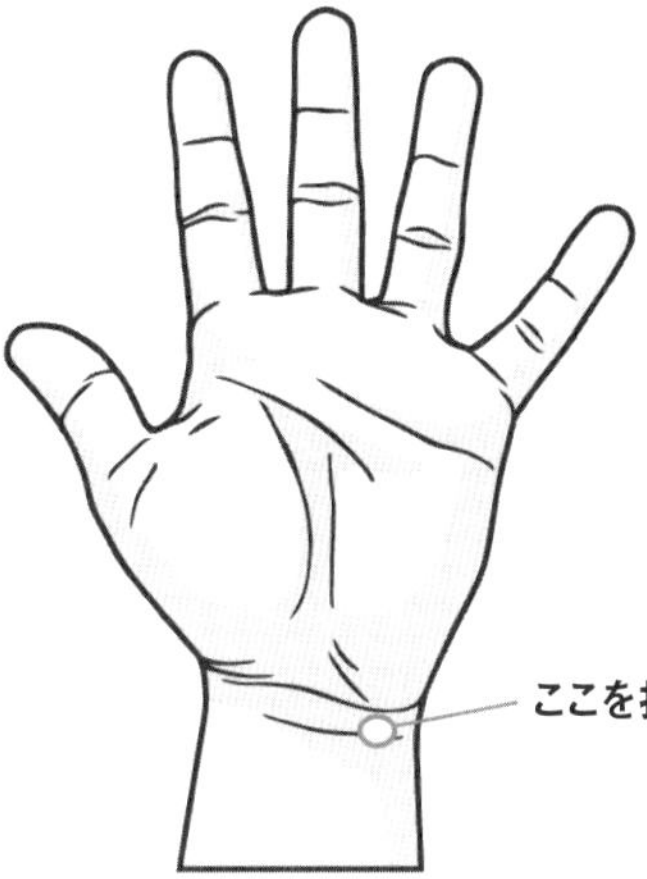

巡って情報をやりとりできる。

サン・ジェラルド病院の調査で実施されたのは、神門と呼ばれるツボのツボ押しだ。神門は、手首のつけ根の内側にある（図を参照）。神門の効果については、不眠症患者を対象にした二重盲検プラセボ比較実験も行われたことがある。その実験では、神門を押す期間が長くなるにつれ、尿に含まれるメラトニンの代謝物の量が正常なレベルに増えていった。被験者のおしっこを調べるだけで、メラトニンがちゃんと機能していることはすぐにわかったという。

人間の身体にはたくさんのツボがあり、その効能については詳細が明らかにされている。詳しく知りたい人は、ベテランの施術者にやり方を習ったり、独自に調べてみたりするといい。ツボ押しにも、感情を解放するテクニックとしてアメリカで考案されたＥＦＴや、針でツボを刺す鍼治療などのバリエーションがある。

■ＰＭＲで筋肉をリラックスさせる

筋肉は案外リラックスできていないかもしれない。完全にリラックスした状態だと意識しているときでさえ、わずかに筋肉を「緊張」させたままにしている人は多い。そういう状態をなくして筋肉を完全にリラックスさせるには、最初に筋肉を最大限に緊張させるといい。矛盾しているように聞こえるだろうか？

そこでお勧めしたいのがＰＭＲ（プログレッシブ・マッスル・リラクゼーション）だ。フィラデルフィアにあるペン・スリープ・センター（ペンシルベニア大学メディカル・スクールの付属機関）で行動睡眠医療プログラムの副責任者を務めるフィリップ・ゲールマンは、ＰＭＲについて次のように語る。「ＰＭＲは、身体の筋肉を意識的に緊張させ、その後リラックスさせるというエクササイズです。これにより、全身をリラックスさせることができます。筋肉をリラックスさせることには、さまざまなメリットがあります」

基本的に、筋肉を完全に収縮させることで、それを解放したときによりいっそう筋肉を緩ませることが可能になる。このエクササイズは、ストレスや不眠を解消する目的で病院でも活用されている。例をあげてやり方を説明しよう。

リラックスした状態で横になり、深呼吸を数回繰り返す。まずは顔の筋肉を収縮させる。一度に全部の筋肉を収縮させてもいいが、パーツごとに分けるとなおよい。収縮させたまま、1カ所につき5~10秒キープする。眉毛はできるだけ高く上げ、次にできるだけ下げる。目をぎゅっとつぶり、唇、頬、顎と順に収縮させていく。全部の筋肉を収縮させたら、すべて緩めてリラックスする。

顔がすんだら肩と腕に移り、やはり1カ所につき筋肉を収縮させたまま10秒キープする。肩の筋肉を収縮させ、こぶしを強く握り、腕の筋肉を収縮させる。10秒たったら完全に力を抜き、リラックスした状態を身体で感じながらそのまま数秒待つ。それから胸と腹部、背中、腰、お尻と下がっていき、最後に足の筋肉を収縮させる。このように、全身の筋肉の収縮と弛緩を最低でも1回行う。やり終えた後は、ストレスが解消されて、身体全体がリラックスした状態になっていると実感するはずだ。

お腹を刺激して快眠を手に入れる

夜ベッドに入る直前は、マッサージ(自分でするものも含む)をするタイミングとして最適だ。それにより、交感神経系の活動を鎮めることになる。

私はポッドキャスト番組を提供しているが、なかでも理学療法士で一流アスリートのコーチも務めるケリー・スターレットが登場した回はとくに人気が高かった。彼は、ぐっすり眠れるようにもなる特別なマッサージ法を見つけたと言ってこう続けた。「いまの私たちが抱えるいちばんの問題は、体内の活動を鎮めるのが苦手だということです。交感神経系と副交感神経系が絶えず主導権を争っていて、最終的には交感神経系が60で勝ち越す。動きだすためにエネルギーをチャージしたいときは、コーヒーを飲んだり、栄養ドリンクを身体に流し込んだりすればいい。でも、60で活動している交感神経系を0に下げろと言われたら、どうすればいいかわからない。そういうときは、非常に複雑で、非常に高度な**『腸つぶし』**が効果的です」

「複雑」というのは半分冗談で、その作用は複雑なものの、やり方は至って簡単だという。「腸つぶし」とは、胃などの臓器を囲む腹壁を目的をもってマッサージするという意味で、これによって迷走神経が刺激される。第7章で説明したように、迷走神経は心臓や肺などの臓器と脳を直接つなぐ役割を担い、ＵＣＬＡの研究者によって、その神経線維の約90パーセントが腸から脳へ情報を運ぶ（その逆はない）ことが明らかにされている。つまり、お腹のなかで何かを起こせば、それに即した指令を脳や神経系に送ることができるのだ。

腸つぶしを行うにはまず、少々弾力のあるボールを一つ用意する。スターレットは、ディスカウントストアなどでワゴンに入って売られている安いプラスチック製のボールで十分だと言っている。大きさは、サッカーボールやキックベースボール程度が望ましい。いずれにせよ、押して少しへこむ余裕があることが大切なので、空気を入れすぎないことがポイントだ。

ボールが用意できたら床にうつぶせになり、お腹の下にボールを入れる。スターレットは次のように説明する。「5～10分かけて、腹部の筋肉組織を引き剥がします。ボールの上でお腹を前後に動かし、不快に感じる場所で動きを止めて、筋肉の収縮と弛緩を繰り返します。お腹からボールに息を吹き込むようなイメージです。このマッサージは安全ですし、副交感神経系のスイッチを入れる効果があります」。スターレットは、世界各地で大勢のアスリートや病気に苦しむ人をサポートしてきた結果、交感神経を鎮めるにはこの方法がもっとも効率的だとわかったという。もっと詳しく知りたい人は、スターレットがジル・ミラー（ヨガとフィットネスを融合させた、自分ひとりでできる「ヨガ・チューン・アップ」の創始者）とともにやり方を教えてくれるDVDがあるので、そちらをチェックしてもらいたい。

スウェーデン式マッサージ、タイ式マッサージ、ツボ押し、腸つぶし、筋膜リリースなどどれでもいいので、定期的なマッサージを習慣にしてほしい。私たちの身体は、絶えず緊張を強いられ、ストレスにさらされている。体内ではあちこちで炎症が起きている。そんな身体を元の状態に戻し、心をほぐし、睡眠を取り戻してくれるのが、昔から効果が実証されているマッサージなのだ。

マッサージを習慣にする

今週中に必ずマッサージの予約を入れよう。マッサージをしたのはつい最近だという人は、本当に素晴らしい。アメリカでは人口の約10パーセントが定期的にマッサージを受けていて、その数は急速に増えている。個人的に知っているマッサージ師がいないという人は、全国展開しているマッサージ店に予約を入れるといい。大きく展開している店は、新規の顧客に慣れている。そして、できれば月会員になってほしい。そうすれば、最低でも月に一度はマッサージを受けることになるし、タイプの違うマッサージや違う施術者のマッサージを試すこともできるので、自分にいちばん合うマッサージを見つけることができる。

また、自分で自分をマッサージするのに使える道具はたくさんある。たとえば、フォームローラー、テニスボール、ラクロスボール、ツボ押し用の機器など。もちろん、自分の手だって立派なマッサージツールだし、機嫌を損ねないようにお願いすれば、パートナーの手もマッサージツールになってくれる。数分でいいので、毎晩寝る前のマッサージを習慣にするとよい。マッサージで一日のストレスを解消しよう。

CHAPTER 20

最高のパジャマはこれだ

睡眠の質は体温調節がカギ

ただ寝るだけのためにわざわざ着替える人が大半を占めるのだから、人間は特異な生き物だ。ベッドに入るときの衣装であるパジャマは、「快適」の代名詞の一つだとも言える。「パジャマ」と口にして、心地よい気分にならない人はたぶんいないだろう。

パジャマを着るという行為は、一日の終わりにほっとした気分を実感するきっかけとなってくれる。別の言い方をすれば、家の外に出るための服を脱いで、一息ついてくつろいだ気分になれる服に着替えるということだ。パジャマは親しい友人や家族の前でしか着ない服だが（パジャマパーティに参加するなら別だが）、それと同時に、睡眠の質を左右する服でもある。

第5章で説明したように、**睡眠の質には体温調節が大きく関係する**。不眠症のなかには、体温調節の制御がうまくできず、睡眠の深い段階に入れるまで体温を下げられないことが関係しているケースもあるという。実は、私たちの身体は熱を保つことは得意だが、身体を冷やすことはあまり得意ではない。だから、寝るときにゆったりしたデザインの服を少ない枚数着るほうが、体温調節がしやすくなる。

オランダの研究機関で、被験者にサーモスーツを着せて表面温度を1度に保った状態（体深部の温度に変化はない）が睡眠に与える影響を調べる実験が行われた。すると、被験者が夜中に目を覚ます回数が減り、深い睡眠である段階3と4の眠りの時間が増大したという。

寝るときに何を着ようが関係ないと思っている人は、いますぐ考えを改めてもらいたい。

といっても、よく眠れるようになるためにつま先を氷のように冷たくしろという意味ではない。寝るときにイヌイットのようにたくさん着込んでいるなら、何枚か減らすことを考えたほうがいいという意味だ。

家にエアコンが完備されている人は、この世界で暮らす何十億という人よりも幸運だ。だからといって部屋を暖めすぎると、睡眠を適切な時間とったとしても、目覚めたときに疲れが抜けていないと感じるかもしれない。7枚の上掛けに電気毛布を使い、狩りに出かけるような格好で寝れば、身体の回復をいちばん高める段階の睡眠があまり得られないことになるかもしれない。

身体を締めつけない服で寝る

寝るときに着る服のデザインや着心地は、ほかのどんなときに着る服よりも重要だ。ぴっちりとした動きづらい服を着て寝るのは、絶対に避けたほうがいい。締めつけの強い服は、リンパ系の流れを実際に遮断する恐れがある。リンパ系は体内の細胞から排出される「老廃物」の管理を担うほか、免疫系でも重要な役割を果たす。体内全体に循環するリンパ液の量は、血液の4倍以上にもなる。

リンパ系の流れが服の締めつけによって遮断されると、細胞外液が体内のあちこちにたまりだす。そして、最悪なことが起こり始める。

この種の例で真っ先に思い浮かぶのが靴下だ。靴下を脱いだときにくっきりと跡が残っていれば、締めつけがきつすぎたと気づく。わかりやすいと言えばわかりやすいが、跡が残るのは問題だ。

私たちの身体は、リンパ系を通じて有害物質を体外に出す。その流れを何らかの形で遮れば、ホースが曲がったみたいに流れが止まる。流れが止まれば液圧が膨張するので、リンパ液の循環が乱れたり、もっとひどいことが起きたりする。

第5章では、寝室を涼しく保つことを推奨しつつ、冷え性の人には暖かい靴下をはくようにとアドバイスした。眠っているときに足首が締めつけられるのを何とかしたいという人は、締めつけのゆるい靴下に替えれば解決する。アウトドア用の靴下には締めつけのゆるいタイプがいろいろあるので、そこから探してみるといい。

女性はブラジャーをつけずに寝る

女性の場合は、足の締めつけ以上に危険な問題が潜む。恐ろしいことに、2009年の調査から、ブラジャーをつけたまま寝る女性は乳ガンを発症するリスクが60パーセント高くなることが明らかになったのだ。

乳ガンとブラジャーの常用に関連性があることは、いまや多くの研究で実証されている。だからといって、ブラジャーをいますぐ捨てることはないが、関連性についてきちんと認識しておく必要はある。ブラジャーをはずしたときに、背中、肩、胸などに跡が残っていれば、それはリンパの流れや循環をとどこおらせている動かぬ証拠だ。

乳ガンなどの病気の進行を防ぐには、リンパ節とリンパの機能が欠かせない。女性の多くは、24時間毎日ブラジャーをつけることが習慣になっている。そうしないと世間の目が気になるからだ。胸が垂れるのを防ぎたい、あるいは背中が痛くなるのを防ぎたいといった理由からつけている人もいる。本人にとっては正当な理由なのだろうが、調査によると、女性のそうした不安は的はずれでしかない。

300人以上の女性を15年かけて調べた調査報告は、「医療的、生理学的、解剖学的いずれの観点から見ても、重力に抗って胸を支えることにメリットはない」というものだった。具体的な結果を説明すると、ブラジャーを使わない女性のほうが、胸を支えるための筋肉組織が発達し、（肩の筋肉との関連で）乳頭の位置を高く維持できた。反対に、ブラジャーをつけていた女性のほうが、実際には早く胸が垂れてきたという。

またもや世間に深く浸透している意見と対立するが、こちらはれっきとした科学にもとづく結論だ。ブラジャーをつければ、見た目は素晴らしくなる。しかし、絶えずブラジャーで胸を支えていると、胸そのものの支える力はいつまでたっても発達できない。これはほかのパーツについてもあてはまる。使わない部分はどんどん衰えていく。

この本のテーマは、睡眠を改善し、それによって健康を増進することである。だから、夜眠るときはブラジャーをはずし、24時間つけっぱなしで生じるリスクを下げてほしい。ブラジャー依存を克服する会を立ちあげる必要はないが、ブラジャーと乳ガンの関連性についてもっと詳しく知りたい人は、医療人類学者のシドニー・ロス・シンガーとソマ・グリスメイジャーの共著『Dressed to Kill（身につけるのは自殺行為）』を読むとよい。

男性はタイトな下着を避ける

男性の場合も、締めつけが強く動きを制限される服を着ると、あまり望ましくない影響が生じる恐れがある。たとえば、下着の締めつけが強いと、生殖機能に大きく影響しかねない。

締めつけの強い下着を常時着用するのは精子によくないという意見を耳にするが、この手の意見は見過ごされることが多い。生殖機能に特化した『リプロダクティブ・トキシコロジー』誌に、それが事実かどうかを検証した記事が載っていた。被験者は、3カ月の実験期間の前半に締めつけの強いブリーフをはき、後半にゆったりとしたトランクスを着用した。そうして精子の濃度、総数、運動精子の総数、禁欲期間における1時間あたりの運動精子の総数を計測した。結果は決定的だった。締めつけのきつい下着をはいているあいだは徐々に数値が下がり、緩い下着をはいているあいだは徐々に数値が上昇したのだ。

これにより、睾丸の生理的機能や、睾丸の温度を精子形成と精子の生存に最適に保つ役割を果たす精巣挙筋の働きについてわかっていることが科学的に実証された。

私のポッドキャストで生物力学者のケイティ・ボウマンがゲストにきてくれた回は、本当に素晴らしかった。彼女は、私たちの身体は環境によってつくられるという話をしてくれた。身体は運動や食事や遺伝子がつくるものだと思われがちだが、実は「細胞荷重」によっても身体は形成されるという。たとえば、椅子の座り方や椅子からの立ち方一つとっても細胞に負荷が生じ、頭のてっぺんからつま先までのすべてに影響を与える。身体の角度をほんの1度変えるだけで、細胞に生じる負荷はまったく違うものとなる。だから、習慣的に行っている（または行っていない）ことが身体の働きに影響するのだ。男性の下着の例で言うと、締めつけの強い下着を常用すれば細胞の荷重が変わり、生殖機能に変化が起こりうるということだ。

ケイティは、これは睾丸だけの問題ではなく、周辺器官や健康全体の問題でもあると主張する。「筋肉が衰えれば、筋肉の血行も悪くなります。筋肉の活動によって生じるのは動きだけではありません。筋肉の動きにもとづいて、筋肉周辺に対する血流も生じます。ですから、筋肉が衰えれば、筋肉が動かなくなるだけでなく、血液や栄養をその周辺に送ることもできなくなるのです」

細胞、組織、器官の一つにしか影響が及ばないということは絶対にありえない。自分の選択がもっとたくさんのものに影響を及ぼすのは、人間にそれだけたくさんのものがあるからだ。私たちの身体は、非常に知的で高度なつくりになっている。孤立している部位は一つもない。私たちが日々行う選択は、細胞の反応に直接影響する。どう動き、何を食べ、どう眠り、何を着るかによって、必ずそれに伴った結果が生じる。ただし、どんな結果を生じさせるかは、つねに自分の手で決めることができる。

パジャマは着心地で選ぼう

「見た目より機能」という言葉を聞いたことがあるだろうか？　これは、何を着るかを決めるときは、見た目がいいだけでなく、身体本来の機能を促進させ、本来の動きの妨げにならず、身体が気持ちいいと感じる服を選ぶべきだとする考え方を意味する。西洋文化では、見た目をよくする、その場に溶け込む、流行に合わせるために、恐ろしく動きづらい服や苦痛すら感じる服を着ることが条件となっている。

もちろん、素敵に見せることや、奇抜な服を着ることを否定するつもりはない。ファッションには長い歴史があり、これからも後戻りすることなく前に進んでいってほしいと思う（かつて流行したパラシュートパンツやベルボトムジーンズは、見た目も変だし裾を踏んで転ぶ危険もある）。とはいえ、自分の着る服は健康にも影響すると理解しておくことは大切だ。そうすれば、見た目がよくなるだけでなく、着ていて身体が気持ちいいと感じる服を着るようになる。

下着のモデルという仕事は、なぜかステータスが高い。誰もが彼らのような身体になりたいと願う。それにほとんどの人は、モデルが着用するぴっちりとした下着を身に着けたほうが断然かっこよく見える。締めつけの強い服をたまに着るのはまったく問題ない。ただし、バランスをとるために緩い服を着ることも習慣にしたほうがいい。

ベッドに入るときは、**動きを一切制限しない、低刺激の素材でできた服を着るのがいちばんだ（素材が低刺激であると同時に、洗濯洗剤も低刺激のものを使ってほしい）**。動きを一切制限しない服といっても、シーツの真ん中に穴を開けて頭を通すようなダボダボの寝間着である必要はない。着心地がよくて動きやすければそれでいい。そういう服は、探せばいくらでもある。男性と女性の場合で、寝るのに適した服装の基本を紹介しよう。

最高の脳と身体をつくる睡眠の技術〜パジャマ編〜

■男性のベストなパジャマ

トランクス、ゆったりしたパジャマズボン、ジャージなど。上も着たい人はごく一般的なTシャツ。裸でもよい

■女性のベストなパジャマ

ボーイズタイプのショーツ、自分もしくはパートナーのTシャツとトランクス、ゆったりしたスリップやナイトウェア・ランジェリー、ヨガパンツ、足やお尻を締めつけないタイプのレギンス、ゆったりしたパジャマズボン。裸でもよい

■ベストな下着

1991年にハーバード大学で実施された調査から、ブラジャーをつけない女性が乳ガンを発症するリスクは、ブラジャーを常時着用する女性の半分であることが明らかになった。寝るときは、ブラジャーから解放される絶好のチャンスだととらえよう。それが健康

増進につながり、ブラジャーをつけていないと落ち着かない依存状態から抜けだす大きな一歩となる。男性は、睾丸を締めつけるような下着で寝るのは避けたほうがいい。締めつけの強い下着を着ていれば、大事な部分を過剰に温めすぎることになり、正常な温度で拡張や収縮ができなくなる。寝るときは、締めつけない下着をつけるか、何も着ないのがいちばんだ。

■見た目よりも着心地

服を買うときは、その服を着ることで細胞にかかる（かからない）負荷をつねに意識しよう。人体がもつ本来の機能を尊重しつつ、オシャレに見える服や靴を作っているメーカーはたくさんある（高級ブランドのなかにもある）。

■パートナーと一緒に裸で寝る

パートナーと一緒に裸で寝れば、ラブホルモンとして知られるオキシトシンの恩恵にあずかれる。同じベッドで眠る、セックスといった愛情行為はもちろん、マッサージやハグなど肌と肌が触れあったときに分泌されるオキシトシンは、優秀な抗ストレスホルモンの一つでもある。気分の落ち込みの兆しや症状を減らし、コルチゾールの悪影響に立ち向かい、血圧の安定を促す。また、腸の炎症を抑えるとともに腸の運動性を高める効果もある。

こうした効果もあるのだから、ますます肌を近づけたほうがいい。

肌が直接触れあえば、当然セックスの回数も増える。第9章でも述べたように、睡眠を自然に助けてくれるいちばんの薬はオーガズムだと言っても過言ではない。

CHAPTER21

身体を自然に触れさせる

地面がもつ力を活用する

人類は、誕生したときからずっと地面とつきあってきた。私たちの先祖は、毎日必ず地表と接していたはずだ。歩く、狩りをする、食料や水を集めにいく、歓談する、遊ぶ、リラックスする……。彼らの行動のほぼすべてが、地面と接することを必要とした。

ところが近代化が進んだ今日の世界では、何日、何週間、いやもっと長く、地表に接することなく暮らしている人がたくさんいる。家やオフィスに閉じこもり、テクノロジーを使うことに夢中で、テクノロジーの源となるものと触れあう時間が減っているのだ。もちろん、車に乗ろうとすれば、外へ出て車のところまで歩くことになるが、たいていは電気を通さないゴム底の靴を履いているので、身体が地球の一部に直接触れることはない。地面はもちろん、木に触れることも、体内の細胞を生みだす源に触れることもめったにない。

しかし、科学者によると、そうしたライフスタイルは私たちの健康に多大な影響を及ぼしているという。

数々の研究により、**地面の電磁エネルギーを通す性質は、人体に素晴らしいメリットをもたらすことが明らかになっている**。気づいていないかもしれないが、人体は非常に電気を通しやすい。地面と同じように、電磁エネルギーが走っているのだ。神経系はいわば、身体全体に情報を伝達する導線だ。それに、私たちの身体はミネラルでできているし、細胞組織には水分が含まれている。つまり、人間は、歩いてしゃべって電気を通すバッテリーのようなものなのだ。

私たちの体内には静電気がたまり、たまった状態で誰かに触れると「ビリッ」とくることは、おそらく誰もが知っている。静電気がたまった状態で金属に触れてはいけないこともわかっている。そんなことをすれば、体内のシステムが「ショート」してしまう。ホラー映画でも、入浴中の浴槽に電子機器を放り込まれることが最悪の死に方の一つとして描かれる。

要するに、自分では気づけなくても、人体はとても電気を通しやすいということだ。私たちは毎日どんな瞬間もかかさずに、エネルギーの放出と受信を繰り返している。そんな身体の電気の仕組みを誤解したり、使い方を誤ったりすれば、慢性的な健康被害が生じる。

ストレスが炎症を生む

このことは、私たちの身体、地面、健康、睡眠にどのような関係があるのか？

いま、病院を訪れる人の90パーセント以上は、ストレスや炎症に関係する病を抱えている。ストレスと炎症は密接に関係していて、主な病気のほとんどに多大な影響を与えている。また、ジョージア州アトランタにあるエモリー大学メディカル・スクールの調査から、炎症には睡眠の質の低さが深く関係していることがわかった。信じがたいかもしれないが、慢性的な炎症というトラブルに対処する最大のカギは、実は地面に触れることにあるかもしれないのだ。

抗酸化作用のカギを握る自由電子

人間の身体は電気を通しやすいということはおわかりいただけたと思う。身体のありとあらゆる組織は電荷を帯びていて、そのおかげで機能できていることもたくさんある。たとえば炎症は、好中球と呼ばれる白血球の一種によって促進される自然な機能だ。好中球は、損傷している部分や必要な部位へフリーラジカル（活性酸素）を運ぶ。フリーラジカルはプラスの電荷を帯び、有害な細菌を死滅させ、損傷した細胞を分解して健康な細胞が入り込める隙間をつくるほか、組織の修復も行う。実にありがたい存在だ。

体内で生じる炎症は、本来慢性的なものではない。炎症が深刻な問題となるのは、フリーラジカルが暴走して関係のない周辺組織に飛び火して、健康な細胞が傷つけられたときだ。これが炎症の真の原因であり、ほとんどの人は、慢性的かつ日常的にこの問題と対峙している。

私たちが生きているというだけで、細胞は毎日損傷を受ける。損傷した細胞は、心臓、肝臓、筋肉など部位に関係なくすべて、フリーラジカルの酸化的破壊を受ける。これは、細胞の損傷によってプラスの電荷が発生し、それを中和しようとするためのごく基本的な化学反応である。

いま、健康や栄養に関して世間で大きく話題になっているのが抗酸化作用だ。抗酸化物質は自由電子をもっているので、フリーラジカルを中和して過剰な酸化を直ちに止めることができる。

だからといって、抗酸化物質であるブルーベリーを顔が青くなるまで食べたところで、**炎症が軽減され、健康が増進されるというわけだ。**抗酸化作用は大して現れない。

なぜなら、抗酸化作用は適切な形態で摂取しないと現れない。昔ながらの食品加工技術は、食材から抗酸化作用を奪うことが多い。それに、食べものとして摂取した抗酸化物質が抗酸化作用を発揮するためには、消化という過程を耐え、腸の内壁に吸収され、最終的に血液中に存在しないといけない。そもそも、私たちの体内から生じる抗酸化作用に比べると、食事からとった抗酸化物質の作用はかなり弱い。たとえば、フリーラジカルを分解する「スーパーオキシドディスムターゼ」の生成を支える肝臓の力は、どんな抗酸化食材の力よりも強い。つまり、身体の状態を整えて、器官や組織が本来の働きで素晴らしい力を発揮できるようにすることが大切なのだ。また、抗酸化作用のある食べものには自由電子が含まれるが、その量が何よりも多いのは、食材の源である土そのものだということも明らかになっている。

土の表面は自由電子でいっぱいだ。土に触れるだけで、私たちの身体は直ちに自由電子を吸収する。これがいわゆる「電子移動」という現象だ。電子移動がもたらす影響についてはは綿密な調査が行われていて、運動能力や治癒力をはじめ、健康全般に与える影響はかなり大きなものだということがわかっている。

アーシングは驚異的なメリットをもたらす

研究者のあいだでは、人体が地面に触れることを「アーシング（グラウンディング）」と呼ぶ。

２０１３年に刊行された補完代替医療の専門誌『ジャーナル・オブ・オルタナティブ・アンド・コンプリメンタリー・メディスン』に、次のような研究成果が載っていた。「アーシングすると赤血球の表面電荷が増大し、それによって血液の粘性と凝集が低下する。アーシングは、心血管系リスクや心血管系イベントを減らすうえで、もっとも容易でありながらもっとも重要な介入の一つだと思われる」

これは、**地面に触れるだけで血液の状態が改善し、心臓発作を起こすリスクが下がる**ということなのか？

地表から人体の組織へ電子が移動する

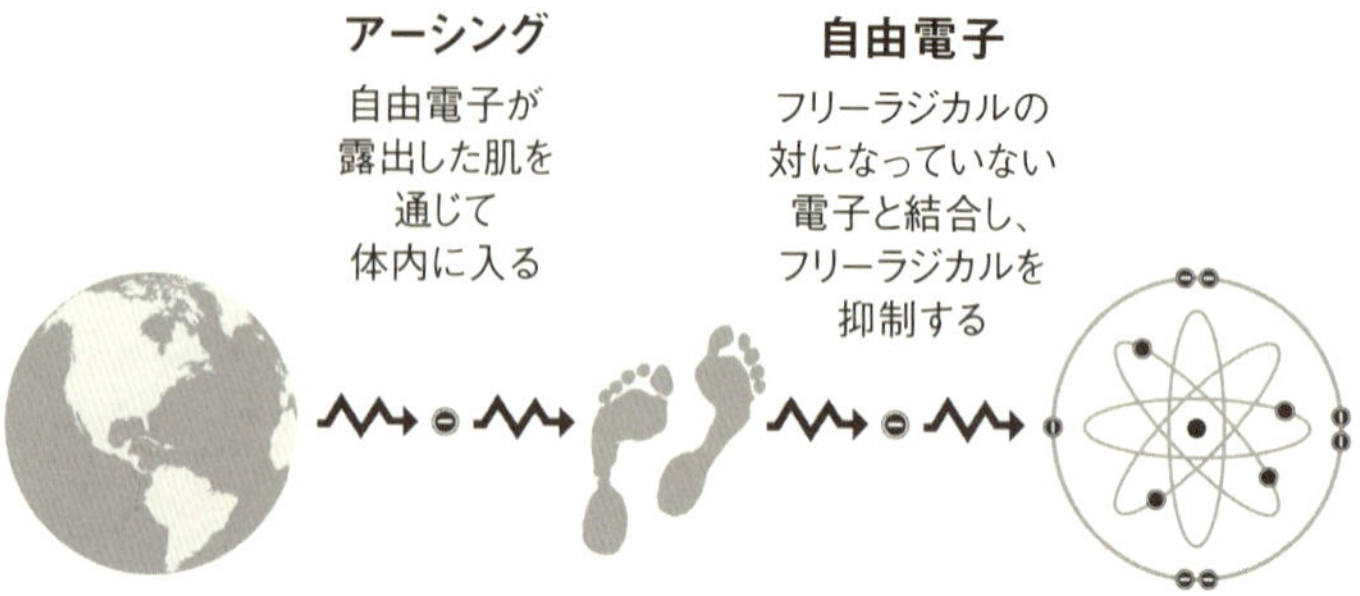
アーシング
自由電子が
露出した肌を
通じて
体内に入る
自由電子
フリーラジカルの
対になっていない
電子と結合し、
フリーラジカルを
抑制する

心臓専門医として名高く著作もあるスティーブン・シナトラは次のように語る。「アーシングによって炎症が軽減することは、赤外線の画像診断や、血液成分と白血球の数の測定によって実証されています。抗炎症効果が現れる理由を論理的に説明すると、身体が地面に触れることで、マイナスの電荷を帯びた抗酸化物質が地面から体内に侵入し、炎症が起きている部分に存在するフリーラジカルのプラスの電荷を中和するのです。地面から身体に電子が流れ込むことも実証されています」

ストレスについても、アーシングによって軽減されることが数値に表れている。地面に触れると自律神経系内で副交感神経が優位となり、心拍の乱れの改善や筋肉の緊張の緩和が生じるのだ。環境衛生と公衆衛生の専門誌『ジャーナル・オブ・エンヴァイロンメンタル・アンド・パブリック・ヘルス』に掲載された記事によると、被験者がアーシングしたとき、「副交感神経系がすぐさま活動し、それに呼応して交感神経系の活動が失速した」という。先にも述べたように、闘争・逃走反応をつかさどる交感神経系が絶えず働いている状態から、休息や消化をつかさどる副交感神経系を優位に働かせられるようになることは、睡眠や健康全般にとって何よりも大切だ。

地面に触れるという単純な行為にそれほどの力があるとは、確固としたデータがなければとても信じられなかったと思う。だが、せっかくその事実を知ったのだから、これを活用しない手はない。家のすぐ外にある、タダで使えて健康を増進してくれる源の恩恵にあずかるべきだ。

アーシングを生活にとりいれよう

2004年に、眠っている身体がアーシングしたときの人体への影響を、コルチゾール量の測定および、睡眠、痛み、ストレスに関する被験者本人の報告にもとづいて調べる実験が実施された。

その実験から、**眠っているあいだアーシングしていた被験者のコルチゾール量は減少し、日中の分泌量は正常だった**ことが明らかになった。ご存じのとおり、コルチゾールは睡眠にとって因縁の敵だ。コルチゾールの分泌が乱れれば、睡眠も乱れる。また、被験者の報告にも、アーシングしながら眠ったほうがよく眠れて、痛みやストレスも軽くなったとあった。

地面に触れる機会をつくることで、睡眠の質は劇的に改善できる。だからといって、毎晩キャンプをしろと言うつもりはない。いまではアーシングを体感できる素晴らしいテクノロジーがあるので、家にいながらにして毎晩アーシングの恩恵にあずかることができる。

私は7年ほど前から、机の下にアーシングマットを敷き、アーシングシーツを敷いたベッドで眠っている。この種の製品は非常によくできていて、屋外のアース棒と付属のケーブルを接続するか、家電量販店に売っているアースプラグを使う。それにより、地表の自由電子を安全かつ効率的に体内に運んでくれる。マットやシーツに身体の一部を触れさせさえすればいい。先ほど紹介した実験でも、同じようなアーシング製品を使って眠っている被験者にアーシングをさせた。その結果が素晴らしいものだったのは前述のとおりだ。

また、スポーツ医師として高名なジェフ・スペンサーにもアーシングの効果について尋ねることができた。スペンサー医師は元オリンピック選手で、現在はツール・ド・フランスに8回優勝したチームの専属医師を務めるほか、40年以上にわたって、オリンピック、世界大会、国際大会、ツール・ド・フランスに直接かかわっている人物だ。彼は、自分が面倒を見る選手の成功にアーシングのテクノロジーは欠かせないと語る。アーシング製品を使うようになってすぐに、体組織の修復をはじめ、練習または競技中に負った怪我の治癒が早まったことに気づいたのだ。そうしたメリットに加えて、選手を観察し、彼らの感想を募ったところ、睡眠の改善、痛みの減少、エネルギーの増加、回復のスピードアップも見受けられたという。

幸い、一流のアスリートでなくても、彼らと同様の恩恵は享受できる。先端技術を駆使したアーシング製品を使うかどうかは人それぞれだが、定期的に地面に触れてプラスに傾いた体内を中和させることは絶対に必要だ。自由電子を体内に取り込めば、回復のスピードが増し、心臓は健康になり、ホルモンの働きを正常に保てるようになる。そしてもちろん、夜ぐっすりと眠れるようにもなる。

最高の脳と身体をつくる睡眠の技術〜アーシング編〜

■地面に足をつける

地面がもたらすメリットを直接身体に取り込もう。裸足で地面に立つ時間を定期的に設けるのだ。ここで言う地面は、土、草、砂（ビーチなど）などを指すが、海のような生命力あふれる水でもかまわない。コンクリートやレンガも電気を通すが、いくつかの条件が揃わないと土と同様のメリットは生まれない。だから、土や草に直接触れるのがいちばんだ。ちなみに、休みの日にビーチへ出かけた日は、驚くほど夜ぐっすりと眠れることにお気づきだろうか？　屋内に戻るまでもなく、砂浜で眠ってしまう人も多い。これは偶然ではない。久しぶりにアーシングした人に起こる、自然な反応なのだ。

アーシングにかける時間について、シナトラ医師は次のように語る。「地面に直接触れたとたんに、体内の生理機能に変化が起こります。触れているあいだは体内の電位を正常な状態に保てるので、触れている時間が長いほど、メリットも多く享受できると言えます」。要するに、1分触れるだけでも効果はあるが、触れる時間は長ければ長いほどよいということだ。私なら、最低でも毎日10分触れることを目指したい。アーシングがまだそれほど魅力的に思えないという人も、靴を脱いで地面の上に立ってみてほしい。それだけで、足に力がみなぎり、固有感覚（空間を通じて身体の位置や動きを感知する感覚）が鋭くなる。足の柔軟性や可動域が広がるので、身体の動きもよくなる。裸足でいる時間を増やすことは、さまざまな面で健康にメリットをもたらすのだ。

■アーシング製品を活用する

地面に直接触れる機会がなかなか得にくい気候のもとで暮らしている人は、アーシング製品に頼るほうがいいだろう。アーシング製品をとりいれるといっても、ライフスタイルはそれほど変わらないし、製品から得られる恩恵のほうがはるかに大きい。コンピュータに向かって仕事をする、眠るといったことは何も変わらない。そのときに、アーシングをするというだけだ。製品を一つだけとりいれてもいいし、至るところをアーシング製品だらけにすることもできる。アーシングのマット、シーツ、マットレス、マウスパッドをはじめ、痛い部位に巻きつけるバンドまである。このバンドを巻きつければ、慢性的な痛みや炎症を緩和できる。

私も最初のうちは、アーシングシーツを使うことにためらいがあった。というのは、寝室から電磁界を除去して不要な電子を取り除きたいと思っていたからだ。ところが、膨大な数の研究報告があるとわかり、そんな心配は払拭された。たとえば、『ヨーロピアン・バイオロジー・アンド・バイオエレクトロマグネティクス』誌には、アーシングをすると体内で生じる電磁界が直ちに軽減されることを実証する記事が載っていた。その研究チームは、「アーシングを行うと、日常的に使用する電化製品から自然に発せられて体内に誘導される電圧を基本的に排除する」と述べている。つまり、アーシングをすれば、第12章で説明した電磁界の問題から細胞を守ることができるのだ。地面に直接触れるのに越したことはないが、アーシング製品を使えば、同等のメリットがもたらされる。

■アーシングで体内時計を整える

アーシングには、体内時計を正常な24時間周期と同期させる効果があると実証されている。だから、時差のある場所へ降り立ったときはアーシングをするとよい。私も実際にやっているが、このおかげで時差ボケにならず、新しい時間帯に早く慣れる。人間の身体は数時間で時差に適応できるようにはできていないので、アーシングを活用すれば本来の元気が取り戻せる。私が飛行機に乗ってどこかへ行くときは、できるだけ直接地面に触れるようにしている。また、どこへ行くにもアーシングシーツを持参するので、旅先でも自宅と同じようにいつでもぐっすり眠れる。

おわりに

睡眠は人生の隠し味だ。

人間の身体は非常によくできていて、睡眠を利用してありとあらゆる機能を向上させる。

コンセントから充電しなくても、身体をいたわって身体が必要とする睡眠をとれば、再び元気になる。

眠りの世界を迂回しては、成功へと通じる道には決してたどり着かない。最高の自分になるためには睡眠が必要だ。どんな薬を飲んでも、どんな策を使っても、この事実は絶対に変わらない。

何かを自分の得意にするためには、そのことについて勉強しないといけない。この本を選んでもらえたことを、私は光栄に思っている。この先何十年にもわたって健康と幸せをもたらしてくれるものについて勉強しようと思ってくれて、本当に嬉しい。

いまは、小さなきっかけがあれば、本当に価値のあることに改めて気づくことができる。この本が、自然とあなたを、喜びとあなたを、あなた自身にとっていちばん大切なこととあなたをつなぐ架け橋となってくれることを切に願う。

訳者あとがき

この本の原題『Sleep Smarter』を直訳すると、「これまで以上に賢く眠りなさい」となる。「賢く眠る」とはどういうことか？　眠っているあいだ、私たちの体内ではさまざまなことが起きている。老廃物が除去され、壊れた筋肉組織が修復され、免疫力が向上する。こうした働きを知り、その恩恵に最大限あずかれるようになることが、賢く眠るということだ。

著者のショーン・スティーブンソンは、多数のクライアントに健康になるためのさまざまなアドバイスを提供している。そもそも彼はなぜ、自ら健康の伝道師となって睡眠の大切さを説くようになったのか？

彼は自らの力で病を克服し、健康を取り戻した過去をもつ。十代の頃は、アメリカンフットボールと陸上競技をかけ持ちするほどスポーツが得意で、将来を有望視されていた。ところが、陸上トラックで練習中に、転んだわけでもないのになぜか腰の骨が折れた。その時点ではとくに疑問をもたなかったが、20歳のとき、退行性の病を背骨に患っていることが明らかになる。そして、治療は不可能だと医師から宣告された。投薬で痛みを抑えて安静にする以外に道はなく、病と一生つきあっていくしかないという。

著者は人生のどん底に突き落とされた。痛みのせいで大学の授業もあまり出られなくなり、ただ食べて夜遅くまでゲームをするだけの日々を2年半送った。その結果、体重が20キロ以上増えた（ゲームの腕も相当上がったらしい）。

しかし、自分に何ができるかを決められるのは自分だけだと気づき、自分で病を治すと決意する。そして、ジャンクフードばかりだった食生活から、栄養価も質も高い食材で自炊する生活に変え、身体の仕組みや栄養素について勉強した。食事でとった栄養素の吸収は運動によって高まると知り、運動もとりいれた。そういう生活を送るようになると、自然と早寝早起きになっていった。身体が睡眠を欲するようになったのだ。6週間後には体重が13キロ落ち、9カ月後には何と、治る見込みがないと宣告された背骨がすっかり治っていた。この経験によって健康の大切さに目覚め、人々に健康なライフスタイルを提案する職に就いたのだ。

とはいえ、仕事を始めたときはまだ、本当の意味での睡眠の大切さは理解できていなかった。理解したのは、食生活を改善し運動をとりいれても成果が出ない人たちを目の当たりにした後のことだ。成果が出ない理由を突きとめるため、彼らのライフスタイルを詳しく検証し、睡眠について徹底的に勉強した。そのうえで、著者はこう結論づけた。「食生活の見直しと運動だけではまだ足りない。そこに良質な睡眠が加わって初めて、健康は成立する」のだと。以来、著者は睡眠の質を上げる方法を科学的に探求し、人々に睡眠の大切さを訴えている。その一環として配信されているポッドキャスト番組は、iTunesポッドキャスト健康部門でトップを獲るほどの人気だ。

私たちは一日の3分の1前後を睡眠に費やす。その間は眠ること以外に何もできないので、時間のムダに感じている人もいるだろう。だが、睡眠はムダではない。それどころか、健康で充実した人生を送るために絶対に必要なものだ。これを機に、「寝ている時間がもったいない」「まだ若いからあまり寝なくても大丈夫」といった考え方は捨て、睡眠に対する認識を改めてもらいたい。十分な睡眠をとらない日々が続けば、いずれ必ずそのツケを払わされるときがやってくる。

睡眠は食事や運動と切っても切り離せない関係にあるので、快眠のための対策は、睡眠の質を高めることはもちろん、食生活や運動習慣をはじめとするライフスタイルの改善にもつながる。睡眠に限らず、健康に関する悩みを解決するためのヒントがきっと見つかると思う。この本を通じて、睡眠をとるということの本当の意味を知り、いま以上の健康を手にする人がひとりでも増えることを切に願う。

最後になったが、本書の翻訳にあたり、ダイヤモンド社の山下覚さんに大変お世話になった。この場を借りてお礼を申しあげたい。

２０１７年2月

花塚　恵

［著者］
ショーン・スティーブンソン（Shawn Stevenson）
アメリカ国内の健康部門のポッドキャストで第一位の人気を誇る“The Model Health Show”のクリエイター。ミズーリ大学卒業後、個人・企業向けの健康アドバイザーとしてAdvanced Integrative Health Alliance社を立ち上げる。メディア出演、講演多数。中距離ランナーとして有望視されていた15歳のときに腰の骨を折り、20歳で椎間板変性症との診断を受け、治療法も治癒の見込みもなしと宣言されるが、「治す」という決意をもって、食事内容の見直しとエクササイズを開始。健康的な減量を実現する過程において、鍵を握るのは「良質の睡眠」だと気づき、本書にそのメソッドを集約した。

［訳者］
花塚 恵（はなつか・めぐみ）
翻訳家。福井県福井市生まれ。英国サリー大学卒業。英語講師、企業内翻訳者を経て現職。主な訳書に『脳が認める勉強法』（ダイヤモンド社）、『人生を変える習慣のつくり方』（文響社）、『ブライアン・トレーシーが教える最強の時間』（かんき出版）、『ハーバード あなたを成長させるフィードバックの授業』（東洋経済新報社）、『スターバックスはなぜ値下げもテレビCMもしないのに強いブランドでいられるのか？』（ディスカヴァー・トゥエンティワン）などがある。東京都在住。

SLEEP 最高の脳と身体をつくる睡眠の技術

2017年２月23日　第１刷発行
2017年４月26日　第４刷発行

著　者——ショーン・スティーブンソン
訳　者——花塚 恵
発行所——ダイヤモンド社
〒150-8409　東京都渋谷区神宮前6-12-17
http://www.diamond.co.jp/
電話／03･5778･7232（編集）　03･5778･7240（販売）
装丁————水戸部功
本文デザイン—松好那名（matt's work）
校正————鷗来堂
製作進行——ダイヤモンド・グラフィック社
印刷————加藤文明社
製本————加藤製本
編集担当——山下 覚

ISBN 978-4-478-10162-9